이제 당신도 긴 글 쓰는 데 자신감이 생긴다!

하루 20분 필사의 힘

하루 20분 필사의 힘

김보아, 이진욱, 김민정, 천성아, 하가영, 나애정 지음

생각의빛

제1장
필사로 독서와 글쓰기
두 마리 토끼 잡기

김보아

필생하기 위해 필사하라

    내 인생은 육아하기 전과 후로 나눌 수 있다. 육아는 내가 이전까지 겪어본 그 어떤 것과도 다른 결의 인생이었다. 육아 이전엔, 세상은 나를 중심으로 돌아간다고 여겼을 정도로, 내가 중심이라 생각했다. 육아를 경험해보기 전까진! 나를 위한 하루를 살아가는 데 온 마음을 다했던 세상이, 아이가 태어나고 사라졌다. 나는 읽고, 쓰고, 달리며 생각하길 좋아하는 사람이었는데, 달리기는커녕 걸을 시간 하나 없었고 읽고 쓰는 것은 사치였다. 내가 좋아하는 일을 하지 못하게 되다 보니, 자연히 나라는 사람의 존재마저도 잊혀갔다. 'J 엄마'로 불리는 게 익숙해지면서, 내 이름보다는 내 아이 이름이 먼저 떠오르는 삶이 되어 갔다. 눈에 넣어도 아프지 않다는 말이 무슨 말인지 절절히 느껴질 정도로, 내 아이가 한없이 사랑스러웠지만, 내 안에 쌓인 것을 뱉어내지 못해 늘 답답했다. 누구라도 만나, 내 이야기를 뱉어내고 싶었지만, 육아하는 입장에선 시간을 내어 누군가 만나는 일도 쉽지 않았다.

쓸 수밖에 없었다. 내 마음에 차오른 감정과 이야기를 토해야만 살 수 있을 것 같았다. 학창 시절 매일 하루도 빠짐없이 일기를 써 내려갔던 것처럼, 무작정 썼다. 아이를 안아 재우다가도 갑자기 드는 생각이 있으면 휴대폰 메모장에 두서없이 기록하기 시작했다. 그것만으로도 내겐 큰 위안이 되었다. 힘들고 혼란스러운 내 감정이, 정제된 디지털 글자로 옮겨지는 것을 보고 있자면, 고단한 마음도 정제되는 것만 같았다. 그런데 이내 곧 아쉬움을 느끼기 시작했다. 아무도 보지 않을 글이라 생각하며 적다 보니 글의 질이 낮아졌을 뿐만 아니라, 나 혼자 이야기하는 기분이 들어, 더 외로워졌다. 인생은 원래 고독한 거라 말하지만, 육아는 그 이상으로 고독한 것이기에 소통하고 싶었다. 나처럼 우당탕 육아하며 하루하루를 살아내는 다른 이들과 소통하고 싶었고, 글을 쓰는 동안이라도 다양한 사람들과 글로 소통하고 싶었다.

필사밖에 없었다. 다른 사람들과 마음을 터놓는 방법은 '깊이 읽는 필사'밖에 없었다. 육아를 하기 전에도, 좋아하는 작가의 책을 이따금 옮겨 적어보았지만, 오래가지 못했고 몰입하지 못했다. 다른 일들이 더 급했다. 그랬던 필사가 육아휴직을 한 뒤엔 간절해졌다. 다른 이들과 소통할 수 있는 방법이 이것밖에 없겠다는 생각에 아마 더 그랬으리라! 나는 매일 옮겨 적었다. 나처럼 아이를 돌보는 평범한 엄마들의 육아 에세이를 옮겨 적으며, 작가와 이야기 나누었다(작가라기보다 옆집 다른 엄마와 수다를 나누는 것 같기도 했다). 작가가 겪은 감정을 나도 고스란히 느꼈을 땐 공감했고, 나보다 더 힘들어하는 작가를 만났을 땐 내 경험을 보태 위로하기도 했다. 작가의 말을 꾹꾹 옮겨 담는 필사 작업은, 그저 읽기만 할 때보다 작가 마음에 더 깊이 들어갈 수 있었고, 그와 깊이 있는 대화를 나눌 수 있었다. 덕분에 육아가 덜 고독했다. '내가 느끼는 감정이, 나 홀로 느끼는 것이 아니구나, 내가 유난히도 재주 없는 엄마라 이런 경험을 하는 것이 아니구나, 누구나 겪을 수 있고, 다들 겪고 있는 거구나' 하며 날 위로할 수 있었다. 혼자 하는 육아이지만, 혼자가 아니라 믿을 수 있었고, 마음으로 소통할 수 있었다.

필사는 소통의 방법을 알려주었다. 혼자만 볼 글이라 생각하며 일기를 써 내려갔을 땐, 글에 두서란 건 없었고, 정돈되지 않았다. 평소에 글을 전혀 쓰지 않는 사람은 아니었기에 잘 쓰려면야 잘 쓸 수도 있었지만, 혼자 매일 쏟아내듯이 글을 쓰는 것에 익숙해지다 보니, 남들에게 보여줄 만한 글 쓰는 법을 잊어갔다. 그랬던 내가 필사를 통해, 남들과 소통할 수 있는 글을 다시금 쓸 수 있게 되었다. 다른 작가가 독자들과 소통하기 위해 잘 적어낸 글을 한 자 한 자 옮겨 적으며, 다른 이들에게 읽히기 위한 글을 쓰는 방법을 배우게 되었다. 내 글을 혼자 보며 숨겨

두기만 했을 때보다, 확연히 좋아진 글을 보며 스스로 만족했고, 세상에 내어놓을 자신감마저 생겼다. 글쓰기만을 위한 SNS 계정을 새로 만들고, 다른 이들과 글로 소통하기 시작했다. 내가 쓴 글로, 다른 이들과 감정을 나눌 수 있다는 게, 굉장한 희열감으로 다가왔다.

필사는 내가 어떤 사람인지 떠올리게 했다. 나는 쓰는 행위를 통해 행복을 느끼는 사람이었다. 무엇이든 끊임없이 적어내는 행위를 통해 마음의 평화를 얻는 사람이었는데, 그걸 잊고 살았다. 읽고 쓰고, 생각하는 것이 내 행복의 요건이라 생각하는 사람이었는데, 육아를 핑계로, 시간이 없다는 핑계로, 내 행복을 찾지 않았다. 그런 내게, 필사는 읽고 쓰고 생각하는 것을 한 번에 모두 가능하게 만들었다. 시간이 늘 부족한 엄마의 삶에서는, '1타 3피'가 가능한 것이 필사밖에 없었다. 나를 들여다볼 수 있게 한 필사는, 희미해지고 옅어졌던 내 어릴 적 꿈마저 다시 마주하게 했다. 그래, 작가가 꿈이었던 때가 있었다. 좋아하는 드라마가 생기면, 드라마 대본집을 찾아 읽고 대사를 외우길 좋아했던 나는, 한때 드라마 작가가 되고 싶기도 했다. 하지만 그 꿈은 부모님들의 현실적인 걱정으로 힘없이 쓰러졌고, 내 마음 깊은 곳에 묻어두어야 했다. 그랬던 내 꿈이, 필사를 통해, 조금씩 고개를 들었다.

작가란 태생부터 다르다고 생각했다. 누구나 할 수 없는 게 글쓰기이고 출판이기에 내 운명이 될 수 없다고 생각했지만, 필사를 통해 글쓰기에 대한 마음 장벽이 무너졌다. 하늘이 주신 대단한 재능을 타고난 사람들만이 책을 쓸 수 있겠다고 생각했지만, 필사를 해보니 내가 생각했던 대단함을 가지고 타고 난 작가는 몇 없었다. 타고남보단 성실함으로 글을 써 내려간 작가들이 많았다. 대단하다고 여겨지는 작가들도 다들 처음엔 어설픈 글을 썼고, 부족한 필력을 채우기 위해 부단히 배우고 노력했다. 그리고 그런 노력 중에는 필사가 포함되어 있었다. '재능은 노력을 이기지 못한다.' 하지 않던가. 글쓰기에 천부적인 재능은 없지만, 내가 내세울 수 있는 성실함으로, 부지런히 필사하고 내 글을 쓰면, 나도 언젠간 꽤 괜찮은 작가가 될 거라 믿게 되었다. 누가 읽어도 맛있는 글을 휘뚜루마뚜루 쓸 수 있는 재능을 신께서 내게 주셨다면, 너무 좋았겠지만, 신이 내게 그런 자비를 베푸시지 않은 덕분에 나는 매일 필사하며 내 글쓰기를 위해 노력하고, 작가라는 꿈을 더 간절하게 갖게 되었다.

덕분에, 나는 내 인생을 다시 설계할 수 있게 되었다. 내 인생의 남은 큰 목표는 '승진'뿐이라 여겼는데, 그것만이 다가 아니라는 것을 알게 되었다. 승진만을 보고 사는 인생은 오히려 더 아쉽다 여기게 되었다. 하마터면 내 인생을 승진에 몰두할 뻔했는데, 어쩌다 시작한 필사가 내 시야를 트여주었다. 직장에서의 승진도 충분히 멋진 목표이지만, 그게 아니더라도 내 존재를 확인하고 행복을 느낄 수 있는 '글'이 있다는 생각만으로도, 내 삶의 숨통을 넓힐 수 있게 되었다. 승진은 내 노력만으로 이룰 수 있는 게 아니기에 답답할 때도 있었지만, 글쓰기는 누구에게

나 공평한 기회를 주는 것이었고, 내가 열심히 한 만큼 잘 쓸 수 있는 것이었다.

필사는 내 남은 삶에 대한 희망을 안겨주고 새로운 목표를 세울 수 있게 했다. 혹, 나처럼 작가가 되는 게 꿈이 아닐지라도, 필사는 인생을 다시금 돌아보게 하는 시간이 될 것이다. 필사를 시작하지 않았다면, 내 인생은 여전히 육아의 고독과 절망 그 어딘가에서 헤매고 있지 않았을까. 이젠 오히려 필사를 필사적으로 하게 해준 내 아이에게 고맙다. 육아가 아니었다면, 이렇게 필사를 해볼 생각을 했겠는가.

인생이 편하고 사는 게 여유가 있으면, 사실 독서든 쓰기든 간절해지기 쉽지 않다. 어딘가 꽉 막힌 인생이라 느껴질 때, 책을 읽고 글을 쓰게 된다. 나는 필사를 통해 다른 사람들과 소통할 수 있게 되었고, 나를 다시 내 인생의 주인공으로 내세울 수 있게 되었다. 비로소 필생 하는 삶을 살게 된 것. 그저 숨만 쉬는 삶이 아닌, '반드시(必) 살아내는(生)' 삶을 살 수 있게 되었다.

필사로 독서와 글쓰기 두 마리 토끼 잡기

처음엔 그저 내 마음을 안정시키고, 내 시간을 갖기 위함이었다. 내가 필사를 처음 접했을 땐, 그런 이유가 컸다. 필사를 통해 눈으로 보이는 명확한 이득을 얻기 위해서라기보단, 내 정서를 위해서였다. 그러다, 기왕 하는 필사, 눈에 보이는 이득 또한 취할 수 있다면 더 좋지 않을까, 싶어 마음을 다해 체계적으로 필사하기 시작했다. 어느새, 생각지도 못했던, 눈으로 보이는 명확한 이득이 생기기 시작했다. 필사하기 전보다, 글을 제대로 읽어낼 수 있게 되었고, 다른 사람들에게도 보여줄 수 있는 글을 쓸 수 있게 되었다. 체계적인 필사는 독서(읽기 능력)와 글쓰기(쓰기 능력) 두 마리 토끼를 잡게 했다.

첫째, 필사는 독해력을 높여, 책의 주제를 정확히 읽어내게 해주었다. 내 눈은 분명 글을 읽고 있는데, 저자가 무엇을 이야기하고자 하는 것인지 파악하지 못해 같은 장만 반복해 읽을 때가 있다. 결국, 읽는 책의 전체 주제마저 잘못 파악해, 작가가 말하고자 하는 이야기에 가까이 가보지도 못하고, 찜찜한 마음으로 책을 덮어 버린다. 이렇게, 책을 읽고 또 읽어도 글 속에 담긴 내용과 주제를 읽어내는 독해력이 부족하다 느껴질 땐, 필사를 시작해 보자.

단, 문단별로 쪼개어, 천천히 필사해야 한다. 처음엔 베껴 쓸 문단을 눈으로 읽고, 문단의 핵심 문장을 파악한다. 그다음, 눈으로 읽어본 문단을 손으로 베껴 쓴 뒤, 핵심 문장을 빨간색으로 표시해둔다. 눈으로 읽었을 때와 베껴 쓴 뒤 파악한 핵심 문장이 같은지 확인하는 과정을 통해, 내가 이야기 핵심을 제대로 잘 읽어냈는지 파악할 수 있다. 문단별 베껴 쓰기가 다 끝난 뒤엔, 베껴 쓰기를 통해 추려낸 문단별 핵심 문장을 종합해, 글의 전체 주제를 추론한다. 이 과정을 매일 반복하면, 핵심 문장과 글의 전체 주제를 파악해내는 독해력을 향상시킬 수 있다. 혹, 내가 뽑아낸 핵심 문장과 주제에 확신이 서지 않는다면, 필사 작업을 함께할 동료를 찾아보자. 동료와 함께 문단별 베껴 쓰기를 한 뒤 핵심 주제를 찾아내는 연습을 하자. 서로의 부족한 점들을 채우며 함께 성장할 수 있을 것이다.

둘째, 필사는 내 어휘 자산을 늘려주었고, 독서를 매끄럽게 만들었다. 독서를 많이 하는데도 불구하고, 어휘력이 부족하다 느껴질 때가 많았다. 어휘력을 늘리기 위해 열심히 책을 읽어보지만, 모르는 단어만 더 쌓이는 기분이랄까. 빈곤한 어휘력 탓에 독서가 매끄럽게 진행되지 못했고, 책 내용을 잘못 이해하기도 했다. 책을 그저 읽어내는 것만으로는 어휘력 향상이 어렵다는 것을 몰랐다. 내게 필요한 건, 베껴 쓰기를 통한 느린 독서였다.

이야기를 베껴 쓰는 동안 모르는 단어가 등장할 때, 어휘를 파란색으로 표시해둔다. 사전을 바로 활용해서 뜻을 찾는 방법도 있지만, 사전은 가장 마지막에 쓰는 것이 좋다. 사전을 찾아보기 전에, 우선 단어 뜻을 예상해 보는 시간을 가져야 한다. 단어의 앞뒤 문맥을 파악한 뒤, 단어 뜻이 무엇일지 부담 없이 추론해 보는 것이다. 그리고 내가 알고 있는 비슷한 뜻의 다른 단어로 바꾸어 써본다. 바꾼 단어로도 이야기가 자연스럽게 이어지면, 내가 추론한 단어의 뜻이 맞다, 보아도 무방하다. 이제 사전을 펼쳐, 단어의 뜻을 찾아본다. 내가 추론한 뜻과 사전의 뜻이 비슷한지 비교해보고 사전에 등재된 유사 단어도 함께 살펴본다. 파란색으로 색칠해둔 단어 옆에 괄호로 유사 단어를 적어두면 완벽하다. 꽤 귀찮은 작업이고, 지루한 작업이다. 하지만, 어렵게 얻은 것일수록 내 속에 깊이 자리 잡게 되고, 제대로 배우게 된다.

셋째, 필사는 내 사고력을 높여, 능동적 독서가 가능하게 했다. 독서를 하는 이유에는 여러 가지가 있겠지만, 저자 또는 다른 독자들과 대화하며, 내 생각을 확장하기 위함도 있다. 독서를 통해 내 부족한 생각을 채우기도 하고, 작가 생각에 반박하기도 하는 시간을 통해 사고력은 향상한다. 그런데, 눈으로 아무 경계 없이, 글을 그저 읽어내기만 할 땐 저자의 말을 여과 없이 그대로 받아들이는 경우가 많다. 독서는 작가와의 대화가 활발하게 진행되는 시간이어야 한다. 독서가 쌍방향 대화가 되려면, 저자의 이야기를 읽어내면서 나 역시 무수히 답해야 한다. 작가 생각이 무조건 옳다는 생각으로, 작가 생각을 그저 흡수해버린다면, 일방적 대화가 될 뿐이고, 수동적 독서가 될 뿐이다.

필사는 능동적 독서를 가능하게 한다. 글을 베껴 쓰면서, 저자의 경험과 비슷한 내 경험이 있을 땐, 괄호를 붙여 내 경험이나 생각을 기록한다. 글을 옮겨 적는 동안, 저자의 생각에 동의하지 않는 부분에서는, 빨간색으로 글자 색을 변경해 동의하지 않는 근거나 내 경험을 떠올려 반박하고 설득한다. 역동적인 파도처럼 끊임없이 작가에게 질문을 던지고 의견을 나누는 필사는, 내 사고를 풍성하게 확장시키고 정교하게 다듬어줄 것이며, 능동적인 독서를 경험하게 해줄 것이다.

필사가 내 독서 능력을 올려 주는 것만으로 끝나지 않았다. 필사는 글쓰기 능력 또한 향상시켰다. 쓰기 능력을 올리는 데 가장 중요한 것은, 쓰는 행위가 몸에 익는 것이다. 쓰는 것이 어색하지 않으려면, 매일 쓰는 습관만큼 좋은 것이 없다.

첫째, 필사는 쓰는 행위를 자연스럽게 만들었다. 쓴다는 행위가 어떤 작업인지 내 몸과 머리가 느끼게 했고, 기억하게 했다. 큰 노력 없이 내 글을 매일 '잘' 써낼 수만 있다면 더할 나위 없이 좋겠지만, 내 글을 잘 쓰기 위해서는 잘 쓴 글을 많이 보고 많이 옮겨 적으며 배워야 한다. 물론 남의 글을 매일 베껴 쓴다고 해서, 내 글을 갑자기 잘 쓸 수 있는 것은 아니지만, 잘 쓰기 위해서는 다른 사람의 잘 쓴 글을 매일 베껴 쓰며 배우는 시간이 쌓여야 한다. 필사는 내 글쓰기를 위한 충분조건은 아니지만, 필요조건은 된다. 러닝머신 위에서 매일 달린다고 해서, 마라톤을 완주할 수 있는 건 아니지만 마라톤 완주를 위해서는 매일 러닝머신 위에서 달리며, 내 몸에 달리기가 익게 해야 하는 이치와 같다.

둘째, 필사는 잘 쓴 글의 구조를 베껴 쓰는 과정을 통해, 쓰기 능력을 높여주었다. 잘 쓴 글이란 보통, 서론-본론-결론의 구조에 맞게 이야기가 매끄럽게 전개되는 것을 말한다. 물론, 기승전결이라던가 서론-본론-결론의 구조를 따르지 않았음에도 잘 읽히는 글도 많지만, 그건 글의 기초를 배운 뒤 넘볼 일이다. 나처럼 글쓰기에 타고난 재능이 없다면, 기초부터 차근히 쌓아야, 내 개성이 담긴 글도 써낼 수 있다. 그러므로 글의 구조가 명확하고 깔끔한 글을 찾아 베껴 쓴 뒤, 그 글의 구조 또한 똑같이 베껴 써보자. 예를 들어, 베껴 쓴 글에서 요즘 논란이 되는 사회현상을 이야기하며 서론을 시작했다면, 화제가 되는 또 다른 사회 문제를 찾아, 내 글 서론에 적어보는 것이다. 본론에서, 주장에 대한 근거로 작가의 직접 사례가 서술되어 있다면, 나 역시 내 직접 사례를 근거로 내세우며 주장을 펼쳐보는 것이다. 그릇에 담아내는 음식이 맛있다

할지라도, 음식 담을 그릇이 정돈되지 않고 깔끔하지 않으면, 먹어볼 마음조차 쉬이 생기지 않는다. 보기 좋은 떡이 먹기도 좋다고 하지 않는가. 잘 쓴 글의 구조를 베껴 쓰는 연습을 통해, 내 이야기를 보기 좋게 담아낼 그릇을 만들자.

셋째, 필사는 내 글 속 어휘를 풍성하게 만들어주었다. 앞에서 서술했듯이, 책을 많이 읽는데도 불구하고 내 어휘가 한정적이고 표현력이 부족하다는 느낌을 받은 적이 있는가. 그건, 내 독서가 내게 남지 않고 공기 속으로 흩어졌기 때문이다. 눈으로 '그저' 읽기만 하고, 내 마음에 붙들어 놓는, '자기화'를 하지 않았기 때문이다.

나는 베껴 쓰기를 하면서, 마음에 드는 단어나 수식어가 나올 때면 진한 글씨로 바꾸어 둔다. 한 챕터 속에서 나온 표현들을 내 단어집에 모아두고, 내 글에 지속적으로 활용해본다. 어휘는 내가 직접 사용해보아야만, 뜻을 제대로 이해할 수 있다. 내가 내 글에 직접 써보게 되면, 내 글과 잘 어울리는 어휘인지 아닌지 감이 온다. 아무리 멋져 보이는 표현이라도 내 문체와는 어울리지 않는 경우가 있다. 백화점 매장의 마네킹이 입고 있는 멋진 옷도 내가 입으면, 느낌이 확연히 다르지 않던가. 마네킹 옷이 내게도 잘 어울릴 때가 있지만, 마네킹과 다르게 내겐 어울리지 않는 옷이 있는 것과 같다. 내 마음에 든 어휘일지라도, 내 생각과 내 글에는 어울리지 않을 수 있다. 내게 어울리는 옷을 찾기 위해서는 이옷 저 옷 찾아보고 입어보며 고르는 시간이 필요한 것처럼, 내가 소화할 수 있는 표현을 찾기 위해선, 내 글 속에 이리저리 활용해보아야 한다. 단, 작가의 문장이 마음에 든다고 해서 내 글에 그대로 옮겨 적는 것은 삼가야 한다. 마네킹과 옷을 똑같이 입는 건 문제가 되지 않지만, 글에서는 그렇지 않다. 다른 이의 문장을 내 글인 양 그대로 옮겨 적는 건 표절이다. 필사와 내 글쓰기를 통해 내가 '내 말'로 새롭게 표현해야 한다.

　독서를 무수히 하고, 시간을 투자해 필사하는데도 불구하고 내 독서가 마뜩잖다는 생각이 든다면, 느리게 그리고 천천히 필사해 보자. 시간이 없다면, 하루에 한 문단이어도 좋다. 한 문단만이어도 좋으니, 글을 천천히 베껴 쓰고, 꼼꼼히 읽어내자. 물론 눈과 손으로 느리게, 그리고 반복해서 읽고 쓰는 작업이기에 쉽지 않다. 지루한 면도 있고, 버거운 점도 있지만, 이러한 수고를 통해 내 독서가 내 몸에 흔적을 깊이 남기고, 덕분에 내 글이 조금은 더 매끄러워진다면, 해볼 만하지 않은가. 어려운 독서 방법이나 쓰기 이론을 공부하지 않아도 충분하다. 필사로 독서와 글쓰기 두 마리 토끼를 잡을 수 있다.

화장실에서 숨죽이며 필사했던 이유

여행을 왔다. 사실, 여행이라기보다 가을맞이 전지훈련이라고 칭하는 게 더 어울린다. 여행이라고 주문을 외며 즐기려 애쓰지만, 아무래도 전지훈련임이 틀림없다. 숙소에 들어가자마자 아이를 재우며 아이보다 먼저 곯아떨어지는 걸 보면, 여행이라고 하긴 조금 버겁다. 하지만, 우울하다거나 '더 이상 못 해 먹겠다. 집에 가자!'라는 말은 나오지 않는다. '이것도 잠깐이겠지, 이것도 아이가 크고 보면 또 그리울 테지' 하며, 힘듦 그 자체를 즐기자는 마음이 든다. 이렇게 꽤 괜찮은 마음가짐으로 여행에 임할 수 있었던 건, 다 화장실 덕분이다. 더 구체적으로 말하면, 화장실에서의 필사 덕분이다. 여행에 웬 화장실이고, 필사냐 되묻는 사람들이 있을 테지만, 내겐 화장실 필사가 고된 여행을 이겨내는 힘이었다.

이른 새벽, 5시 알람이 울리면 까치발로 침대 밖으로 나와, 화장실로 들어간다. 화장실의 퀘퀘하고 축축한 공기가 마냥 유쾌하진 않지만, 일단 변기 앞에 쪼그려 앉아 변기 뚜껑 위에 책 한 권과 블루투스 키보드를 올린다. 침대에서 곤히 자는 남편과 아이가 깰까 두려워 키보드도 마음 편히 두드릴 수 없는 형편이고, 쪼그려 앉은 탓에 다리에 쥐가 나는, 편치 않은 상황이지만 이래야만 했다. 이렇게 숨죽이며 화장실에서 필사라도 해야, 언제 어디서든 나를 놓지 않을 수 있었다. 필사하는 동안만큼은, 키보드 소리 가득한 공기가 내 마음을 안정시키고 정화했다. 좋아하는 작가의 글을 조용히 옮겨 쓰다 보면, 어느새 노력하지 않아도, 마음에 평화가 찾아왔고, 나를 보살필 수 있었다.

"남자는 결혼 후 무엇을 잃을까? 아니 정확하게는 남자는 출산 후 무엇을 잃을까?"

아이를 낳은 뒤 드문드문 생각했다.

나는 당당한 사람으로 살아가라 배웠다. 여자도 한 사회의 일원으로서 당당한 삶을 살아야 한다고. 그러기 위해선 공부를 열심히 하고 최선을 다해 일하며 자신을 계발해야 한다고. 그래야만 여자로서 당당한 삶을 살아갈 수 있다고, 가르침을 받으며 자라왔다. 여자이기에, 공부할 필요 없고, 직업을 가질 필요 없다고 여겨지던 구시대적인 가르침은 받지 않았다. 오히려 더 치열하게 공부했고, 주어진 일에 최선을 다하며 살았다. 그렇기에, 육아도 당연히 여성의 몫으로만 여기지 않았고, 모두가 그렇게 생각할 거라, 생각했다. 아니, 오해했다. 그래, 오해가 맞다. 그건, 나의 오해였고, 우리 여성들의 오해였다.

사회는 여전히, 육아만큼은 여성들의 몫이라 여겼다. 임신과 출산, 육아에는 여성의 지분이 더 많은 게 당연하다, 사회는 생각했다. 구시대적인 옛 생각이 아니라, 여전히 현대사회에 존재하는 생각이었다. 여전히 그랬다. 여성들의 육아휴직은 너무나 당연하고, 남성들이 하는 건 어째선지 어색하다, 놀랍다고 생각하는 사회 분위기만 보아도 알 수 있는 일이었다. 휴직하지 않고, 본인의 커리어를 선택하는 여성들에겐 '이기적인 엄마'라는 타이틀을 씌워 비난하고, 어쩌다 간혹 육아휴직을 하는 남성들에겐 '대단한 아빠, 세상에 둘도 없는 착한 남편'이라는 타이틀을 씌워 예찬한다. 잘못되어도 단단히 잘못된 세상이 아닌가. 임신과 출산, 육아를 겪어보니 아빠와 엄마에게 가해지는 시선이 참 매우 다르다는 것을 느꼈다. 사회가 여성에게 바라는 엄마라는 타이틀의 무게는 너무나 가혹했고, 엄마라면 일단, 참고 견뎌야 한다며 여성들을 냉정히 바라봤다.

여성들에게 유난히 잔인하고 매정한 사회에 섭섭하고 억울했지만, 내가 할 수 있는 게 없었다. 나는 사회를 변화시킬 힘이 없었고 용기도 없었다. 내가 할 수 있는 건, 그저 내 육아에서만큼은, 나를 놓치지 않고, 나로서 존재하는 것뿐이었다. 나로서 존재하기 위해선, 내 생각에 집중하고, 내 존재에 몰입할 수 있는 시간이 필요했고, 필사만 한 것이 없었다. 그런 이유로 나는 여행을 가서도 기어코, 화장실에서 숨죽여 필사할 수밖에 없었다. 필사하며 내 생각과 내 호흡에 온전히 집중하며 내가 살아있음을 확인했고, 엄마이기 이전의 나를 비로소 돌볼 수 있었다.

나는 필사를 하며, 가끔 빛이 꺼져가는 이시대의 엄마들을 생각한다. '본인에게 집중할 수 있는 30분의 시간이라도 주어진다면. 스스로를 잃어버리지 않을 텐데. 그곳이 설령 화장실이라 할지라도, 나를 마주하는 시간이 있다면, 스스로를 놓지 않을 텐데'라고 말이다.

나는 새벽 시간의 필사를 통해, 삶의 행복도가 올랐다. 온종일 육아에 치여 고단한 날이라도, 내일 새벽에 있을 필사 시간을 생각하면, 마냥 고통스럽지 않았다. 필사를 통해 내 스트레스를 스스로 다스릴 수 있게 되니 자존감마저 높아졌고, 아이에게 더 너그러워졌고, 남편에게 전처럼 억울하지 않았다. 어느새 나는 육아를 꽤 잘하는 엄마가 되어있었고, 아이와 함께 하는 삶이 두렵지만은 않았다. 아이를 키우는 게 처음이라 어설프기도 하고, 육아란 게 내가 계획한 대로 흘러가는 쉬운 일이 아니기에 좌절하기도 하지만, 필사하며 내게 집중하는 틈새 시간 덕분에 꽤 행복하고 여유롭다. 물론, 내 남편이 밤낮없이 일하는 사람이었거나, 육아에 단 1만큼도 참여를 하지 않는 사람이었다면, 하루 30분의 필사 시간마저 불가능한 일이었을 것이다. 이른 새벽이라도 내 시간을 가질 수 있는 게, 다 내 남편의 암묵적인 지지와 응원 덕분이라는 것을 잘 안다.

하루 단 30분의 내 시간도 없이 온전히 아이를 감당해내야 했다면, 남편에게 이런 고마움도 느끼지 못했을뿐더러, 남편을 원망만 하고 미워만하지 않았을까. 내 남편은 과연 무엇을 잃는지에만 몰두하며 우울해하고 있지 않았을까. 필사를 통해 나는 내가 육아로 잃는 것보다 내가 얻을 수 있는 것에 몰두할 수 있게 되었다.

앞으로 계획된 가족 여행이 많다. 여행을 가서 어떤 식당을 가고, 어떤 관광지를 가볼지 아직 계획해두지 않았지만, 여행을 가서 어떤 책을 필사할 것인지는 정해두었다. 숙소의 화장실 크기는 얼마나 될지, 이번에도 역시 변기 앞에 쪼그려 앉아 필사해야 하는 것인지도 이미 살펴보았다. 여행을 가서 어떤 옷을 입고, 어떤 맛있는 음식점을 갈지부터 찾아보았던 내가, 숙소 화장실부터 검색해보다니! 인생사 한 치 앞을 모른다는 말이 딱이다. 그래도 내게 도움이 되는 건강한 변화이니, 모두에게 꼭 권하고 싶다.

특히나, 나처럼 아이를 키우며 본인의 일을 중단하고 있는 사람이라면, 또는 독박 육아를 하며 매일 본인의 빛을 잃어 가는 사람이라면, 더욱이 필사해보길 바란다. 30분이 길다면, 단 10분이라도 아이보다 일찍 일어나, 필사해 보자. 불을 켜면 아이가 깰까, 걱정된다면 화장실은 어떤가. 화장실이 좁아 불편하더라도 내 집 화장실이니, 심적인 면에서는 내가 경험한 숙소 화장실보다야 더 편한 것 아닌가. 처음엔 화장실의 축축한 공기가 조금은 낯설고 기분 나쁠 수 있지만, 필사하는 키보드 소리만이 나를 둘러싸고, 내가 좋아하는 글귀들이 내 가슴 속에 꾹꾹 눌러 새겨지는 찰나들을 만날 때, 비로소 나를 보살필 수 있을 것이고, 희미했던 나를 부여잡는 시간이 될 것이다. 최선을 다해 내 아이를 사랑해야 하는 것은, 너무나 당연한 마음가짐이자 의무이지만, 그 누구도 나보다 먼저 존재할 수 없다. 내가 있어야 내 아이도 있고, 나를 놓지 않아야 내 아이도 놓지 않을 수 있다. 아이를 열과 성을 다해 사랑하고 싶다면, 잠시라도 나를 보듬어주어야 한다. 내가 나로서 존재할 수 있어야, 내가 아이와 공존을 할 수 있고, 나아가 우리 가족 모두가 행복할 수 있다. 화장실에서라도 숨죽여 필사해 보자.

눈 감고 딱 30일만 필사해봐

필사가 좋다는 이야기는 이미 많은 사람이 책을 통해, 그리고 경험을 통해 말해왔다. 하지만, 실제로 필사를 끝까지 해내는 사람들은 많지 않다. 좋은 건 알겠지만, 내 몸에 스며들 때까지 기다리지 못하겠다며 포기해버린다. 더 정확히 말하자면, 그들은 그들 몸에 스며들게 하는 필사 방법을 몰랐던 것이다. 아무리 좋은 것이라고 해도, 방법을 제대로 알지 못하면 끝까지 끈기 있게 해내기 쉽지 않다. 같은 시각에 같은 장소에 앉아, 책을 매일 옮겨 쓰면 되는 것 아니냐며 쉽게 말하는 사람들도 있겠지만, 그렇게 처음부터 성공하는 사람들은 선천적으로 자신의 의지가 강한 사람들이다. 대부분 처음부터 필사를 내 몸에 배게 하기 쉽지 않다. 하지 않던 일을 하는 것이니, 어쩐지 어색하고, 이렇게 하는 것이 맞는지 의심하고, 어영부영 시간을 보내다 작심삼일이 되어버리고 만다. 필사가 밥을 먹는 것처럼 당연한 내 일상이 되는 방법, 필사가 내 몸에 완전히 스며드는 방법은 무엇일까.

습관에 관해 이야기하는 사람들은, 하나의 행위가 내 습관이 되려면, 최소 한 달의 시간이 필요하다, 말한다. 한 달간만 유혹을 이겨내고, 내 일상에 녹여 그 일을 행한다면, 내 몸에 익는 습관이 된다는 것. 단, 30일의 기간을 목표해두되, 주별로 시간과 과업을 나누어 차근차근 수준을 올려야 한다. 내 몸이 필사를 거부하지 않게, 천천히 스며들게 해야 한다.

첫째 주에는 우선, 필사를 가볍게 익힌다. 뜨거운 물에 들어가기 전, 발목부터 살짝 물에 담그며, 물의 온도를 내 몸에 전달하는 것과 같다. 필사가 무엇인지 내 몸에 맛보기로 살짝 보여주는 것이다. 나는 마라톤을 시작하기 전에, 간단한 스트레칭으로 내 몸에 신호를 준다. 그리고, 가볍게 뛰며 곧 있을 오래달리기에 대한 힌트를 준다. 그 과정을 빠뜨리고 무작정 달리기를 시작하면, 늘 무릎에 무리가 왔고 끝까지 페이스를 유지하기 힘들었다. 처음엔, 글을 옮겨 쓰는 손과 눈의 움직임을 몸이 경험하도록 하고, 뇌가 글을 받아들이게 해야 한다. 우리 몸은 매우 솔직하다. 우리 몸에 평소 하지 않았던 일을 하게 시키면, 몸은 금세 낯설어하고 피곤해한다. 익숙하지 않은 행동에 대한 거부반응이 거칠게 나오지 않게 하려면, 처음엔 욕심을 부리지 않는 게 좋다. 용두사미로 계획했던 일이 어영부영 끝나버리는 일들이 많다. 목표에 대한 욕심으로,

시작이 너무 거창해, 그걸 감당해내지 못해 소리소문없이 사라지고 마는 것. 이루고 싶은 것이 거창할수록, 과업을 차근차근 늘려나가야 한다. 잠깐 하고 말 일이라면, 무슨 상관이 있겠냐만, 우리가 하려는 필사는 반드시 장기전이 되어야 효과를 맛보는 것이기에 천천히 다가가는 편이 낫다. 잠깐하고 말 필사로 효과를 얻을 생각이라면, 처음부터 필사를 시작하지 않는 편이 낫다. 그런 이유로, 나는 필사 1주 차에는 좋아하는 책이나 작가의 글, 칼럼 등을 10분 정도 가볍게 베껴 쓰기만을 권한다. 어떤 글이어도 좋다. 이땐, 옮겨 적는 글의 내용이 중요하기보단, 내 몸이 필사를 거부감 없이 받아들이게 하는 것이 중요하다.

둘째 주에는, 필사를 몸에 완전히 정착시켜야 한다. 첫 주 동안 필사의 호흡과 눈, 손 움직임을 맛보고 큰 거부감이 없었다면, 필사가 내 몸에 완전히 프로그래밍 되도록 하는 것이다. 하나의 행위를 일상 속의 습관으로 안착시키기 위해서 가장 효과적인 방법은 '고정된 시각과 장소'에서 행하는 것이다. 어릴 적부터 잠자리에 들기 전 늘 책을 읽고 잔 사람은, 성인이 되고 노인이 되어서도 자기 전, 늘 책을 읽는 것처럼, 고정된 시각과 장소에서의 습관은 우리 일상에 깊이 뿌리박게 된다. 아침에 눈을 뜨면 밥을 찾게 되는 것 또한 같은 이치다. 태어나면서부터 (나의 의지와는 상관없이) 눈을 뜨면 밥을 주는 부모의 행위가 있었기에, 우리는 성인이 되어서도 아침에 눈을 뜨면 으레 밥을 찾게 되는 것이다.

중요한 것은, 필사를 습관으로 만들기 위해선, 내가 소화해낼 수 있는 시각과 장소여야 한다는 점이다. 올빼미형의 생활 리듬이었던 사람이, 새벽 필사가 좋다는 말에 덥석 새벽에 필사하겠다고 정하면, 새벽형 일상과 필사 모두 제대로 되지 않을 가능성이 크다. 새벽형 일상을 먼저 내 몸에 안착시켜둔 뒤 필사를 시작하던지, 필사를 습관으로 정착시켜둔 뒤 새벽형 일상을 시작하던지, 한 번에 하나의 과업만 목표하는 것이 좋다. 내가 가장 마음 편하게, 누구의 방해도 없이 확실히 내 시간을 가질 수 있는 때와 장소를 탐색하고, 필사를 시작하자. 눈뜨면 밥을 찾고 먹는 것처럼, 어느새 그 시간만 되면 자연히 필사 장소로 가서 베껴 쓰는 나를 발견할 것이다.

셋째 주에는, 강도를 높이도록 하자. 필사를 처음 시작한 첫째 주부터 10분 동안만 가볍게 필사했다면, 셋째 주부터는 20분~30분 정도로 시간을 늘리는 것이 필요하다. 요즘 사람들이 많이 읽는 인기 도서들을 살펴보면, 각 꼭지 글이 평균적으로 A4 종이 2페이지에서 3페이지의 분량이다. 글의 종류에 따라 다르겠지만, 서론, 본론, 결론이 어느 정도의 구색을 갖추고 논리를 펼치려면 그 정도가 최소 필요한 양이기에 그렇다. 그리고 그 정도 분량의 꼭지 글을 옮겨 쓰려면 적어도 30분 정도는 소요된다. 물론, 분당 타자속도가 느린 사람들은 시간이 더 오래 걸리겠지만, 회사 생활을 하며 각종 계획서와 보고서를 많이 써왔던 사람들의 평균 타자속도로는 30분 정도면 충분하다. 그런 이유로, 한 꼭지 글을 필사하는 데 걸리는 시간에 맞게, 필사 시간을 늘려야 한다. 한 꼭지 글의 서론-본론-결론의 호흡을 이해하고 배우려면, 10분이라는 시간은 턱없이 부족하다. 10분간 한 꼭지 글의 일부분만 옮겨 적다가, 남은 내용은 다음날 이어 쓰면 되는 일 아니냐 할 수도 있겠지만, 한 꼭지 글의 호흡을 한숨에 읽어내고 옮겨 적는 것이, 글의 흐름을 익히는 데에 더 좋다. 아무리 재미있는 드라마라도 한 편을 쪼개어 보면, 몰입이 끊기고 집중하지 못하는 것과 같다. 기왕 시간을 들여서 하는 필사이니, 한 번 할 때 확실한 효과를 온전히 가져가는 게 더 효율적이지 않은가. 그리고 남의 글을 옮겨 적는 30분마저 감당해내기 쉽지 않으면, 내 글 적기는 더 힘들다.

넷째 주에는, 필사와 내 글쓰기가 한 세트가 되도록 습관을 보완한다. 고정된 시각과 장소에서 30분의 필사를 매일 하게 되었다면, 이제 내 생각도 함께 덧붙이는 작업이 필요하다. 필사가 단순한 내 손가락 운동이 되지 않으려면, 내 생각이 덧붙여져야 한다. 평생 수만 권의 독서를 해도, 내 사고가 바뀌지 않고 내 일상이 변하지 않았던 건, 다른 이의 글을 읽기만 하고, 그저 흘려보냈기 때문이다. 내 것이 되려면, 내 생각이 있어야 하고, 내 생각을 표현해보아야 한다. 수학 문제를 풀어 정답을 맞히긴 했는데, 어떻게 풀었냐며 물어보면 설명하지 못하는 아이들 대부분은, 개념이나 원리를 정확히 모르는 경우가 많은 것처럼, 내 생각과 내 말로 바꾸어 표현해내지 못하면 수만 권의 독서를 해도, 내 것이 아니다. 그런데, 이것 또한 처음부터 의욕이 과하게 앞서면 오래가지 못한다. 필사에 대한 내 생각은 한 줄이면 충분하다. 어느 한 문단에 대해서만 내 생각을 써도 좋고, 전체 주제에 대한 내 생각을 가볍게 써도 좋다. 양도 따지지 말고, 질도 따지지 말자. 그 무엇이든 좋다. 내 생각을 꺼내는 것 자체가 습관으로 자리 잡는 게 쉬운 일이 아니기에, 몸에 '그저' 익히는 것이 중요하다.

마지막으로, 한 달간의 이 작업을 누군가와 함께할 수 있다면, 그보다 더 좋은 것이 없다. 요즘 인스타그램 같은 SNS를 보면, 너도나도 이런저런 커뮤니티에 들어가 공동의 목표를 달성하기 위해 힘을 나눈다. 그들은 일상의 습관과 성취를 인증하고 기록한다. 동력을 잃은 구성원이 있을 때는, 힘을 보태고 응원한다. 같은 목표를 가진 동지의 지지는 쉽게 포기하려는 마음을 다잡아주고, 우리들의 목표가 눈앞에 곧 펼쳐지는 일이라는 확신을 갖게 한다. 나 역시, 이렇게 책을 써낼 수 있게 된 것도 함께하는 공동체가 있었기 때문이다. 우리는 매일 필사하고, 각자의 생각을 기록했으며, 누구도 낙오하지 않게 서로의 이름을 불러주었다. 어느새, 30일간만 필사해 보자, 생각했던 마음을 넘었고, 어느새, 책을 출판하게 되었다. 눈 딱 감고, 30일간만 필사해 보자. 내 인생에 어떤 변화가 일어날 것인지 설레지 않는가.

아, 눈은 감아선 안 되겠다. 필사하려면.

나비효과, 필사 효과

나비효과란 말을 들어본 적이 있는가? 나비효과는 '어느 한 곳에서 일어난 나비의 날갯짓이 먼 뉴욕에 태풍을 일으킬 수 있다.'라는 것을 의미한다. 작은 행동이 예상치 못한 큰 기적을 불러일으킨다는 이 말은 작은 습관을 매일 소소하게 지키며 살아가는 나 같은 사람들에겐 큰 위로가 되고 응원이 된다. 나는 베껴 쓰기를 매일의 업으로 생각하며 지키려 노력한다. 다른 사람의 글을 옮겨 적는 '베껴 쓰기' 습관이 쌓이고 쌓이면, 내 글이 바뀌는 기적이 올 것이고, 인생이 바뀌는 나비효과가 일어날 거라 믿기에.

그런데 베껴 쓰기라고 말하면 우리나라 사람들은 대체로 부정적인 의미로 먼저 받아들이곤 한다.

"친구 것 베껴 쓰지 마!"

어릴 적 학교에서 받아쓰기 시험을 칠 때, 선생님들이 큰 소리로 아이들에게 호통을 쳤던 게 생각나서일까. 필사는 정녕, 선생님 말씀처럼, 해선 안 되는 것일까. 필사가 내게 안겨다 줄 나비효과를 알았다면, 선생님에게 손을 번쩍 들고 말했을 것이다.

"선생님! 베껴 쓰는 게 나쁘지만은 않아요!"

필사는 우선, 글쓰기 기초 근육을 다질 수 있게 한다. 다른 작가가 쓴 글을 그대로 옮겨 적는 활동을 통해, 글에 대한 감각을 가질 수 있게 한다. 작가들이 어떤 호흡으로 글을 시작하는지, 어떤 이야기들로 글의 본문을 채우는지, 마지막엔 어떤 인사로 글을 마무리하는지 배울 수 있게 한다. 작가의 글을 따라가며 작가의 호흡을 배우는 것이다.

어릴 적, 그림을 배우러 학원 다닌 적이 있다. 학원 선생님은 내게 유명 화가의 명작을 베껴 그리며 그림 그리는 법을 배우게 했다. 풍경화라던가 정물화 등의 작품을 베껴 그리며, 구도 잡는 법을 배웠고 채색의 기초를 익혔다. 베껴 그리기를 통해 배운 그림 기법들은 훗날 내 그림의 기본기가 되었고, 내 것을 창조해낼 수 있었다. 즉, 베끼기는 나만의 것을 만드는 기초 근육이 되었다. 내 글을 쓰기 위해선 다른 사람의 잘 쓴 글을 필사하며, 글쓰기 기초 근육을 탄탄하게 다져야 한다. 신이 내려준 재능이 있지 않고서는, 누구나 처음부터 명작을 만들어 낼 순 없다. 잘 쓰인 글을 부단히 눈과 손으로 옮겨 적다 보면, 어느새 내 필력 또한 조금씩 성장함을 느낄 수 있다. 좋은 향기를 곁에 두고 계속 맡다 보면, 내 몸에도 이내 곧 좋은 향이 깊이 스며드는 법이다.

둘째, 필사는 작가의 마음에 더 공감하게 만들고, 책을 깊이 읽게 한다. 나는 아주 오래전부터 필사하길 좋아했다. 사실 나뿐만 아니라 좋아하는 가수가 있는 사람이라면, 누구나 한 번쯤 필사를 경험했을 것이다. 그게 필사인지도 모른 채 말이다. 나는 학창 시절, 열렬히 좋아했던 H.O.T의 명곡들을 공책에 빼곡히 옮겨 적었다. 새로운 노래가 나오면 가사를 하루빨리 외우기 위해서 필사를 하기도 했지만, 무엇보다도 노래 부르는 가수의 마음을 나도 오롯이 느껴보고자 옮겨 적었다. 가사를 여러 번 옮겨 적은 뒤 노래를 들으면 어째선지 노랫말이 다 내 이야기 같았고, 내게 하는 말처럼 느껴져 가슴이 더 두근댔다. 지금 생각해 보면, 그게 다 필사의 효과였던 것. 이제 더는 그들의 노래 가사를 베껴 쓰지 않지만, 어릴 적 참 많이도 베껴 썼던 덕에 아직도 토씨 하나 틀리지 않고 노래 가사가 기억나고, 설렜던 감정들이 고스란히 떠오른다. 가사를 꾹꾹 눌러 베껴 썼던 시간 덕에, 그때의 감정마저 온몸이 기억하게 된 것. 필사는 감정 이입과 몰입에 효과적이다.

셋째, 필사는 내 생각과 내 글을 부르는 준비운동이다. 새벽 기상을 시작하고, 가장 먼저 도전해본 것이 있다면, 기상 직후 글을 쓰는 것이었다. 이른 아침, 일어나자마자 맑은 머리로 내 글을 쓰면 더 잘 쓸 수 있을 거로 생각했지만, 쉽지 않았다. 일어나자마자 몸을 풀지도 못한 채, 바로 달리기를 시작하는 듯한 버거움이 느껴졌다. 달리는 몸이 되기 위해선 달리기 전, 천천히 걸으며 경직된 몸의 근육을 풀어주어야 한다. 마찬가지로 내 글을 쓰기 위해선 글을 쓸 수 있는 몸과 마음의 상태로 천천히 전환해야 했고, 그러기 위해선 다른 이의 글을 베껴 쓰는 시간이 필요했다. 다른 이의 글을 옮겨 적는 시간을 통해, 글을 적어 내려가는 행위에 거부감이 사라졌고, 다른 사람의 글을 그저 옮기는 행위만으로도 나도 글을 써볼 수 있겠다는 자신감을 느꼈다. 베껴 쓰는 책이, 내가 평소 존경하거나 닮고 싶은 작가의 책일 때면, 더 좋았다. 존경하는 작가의 생각을 단초로 해서 내 생각을 끄집어낼 수 있었고, 부족한 생각들을 보충하여 내 글을 풍성하게 만들 수 있었다. 필사는 잠들어 있던 내 몸과 생각을 깨우는 작업이었고, 글 쓰는 몸과 글 쓰는 뇌로 세팅하게 도와주는 작업이었다.

넷째, 필사를 통해 감정을 다스릴 수 있다. 내 마음이 부정적인 감정으로 가득 찰 때, 감정을 해소하는 방법으로 글쓰기만 한 것이 없지만, 내 마음을 내 글로 온전히 쏟아내는 것조차 버겁고 힘이 들 땐, 나와 똑같이 느끼고 경험한 다른 작가의 글을 옮겨 적는 것이 굉장한 도움이 된다. 내 글이 아님에도 불구하고, 마치 내가 내 마음을 고백한 것만 같은 해소감을 느끼며, 온몸에 가득했던 부정적인 감정을 털어내게 된다. 글을 옮겨 적는 동안, 내 마음을 객관화시켜, 부정적인 마음에 휩싸이지 않게 된다. 내게 일어난 문제를 이성적으로 해결할 수 있게 하고, 마음을 다잡을 수 있게 한다. 필사는 감정을 다스리는 힘을 준다.

다섯째, 필사는 독서 집중력을 높여주고 '진짜 독서'가 가능하게 한다. 눈으로 한 번 훑고 책을 덮는 일반적인 독서와는 달리, 필사는 눈으로 글을 읽고 손으로 옮겨 적으며 책을 한 번 더 곱씹도록 한다. 자연히 책에 대한 이해도가 높아지고, 책 내용이 오래 기억된다. 눈과 손이 동시에, 독서에 가담하면서 내 집중력을 올려 주는 덕분이다. 책 한 권을 다 읽는 데에 시간은 많이 소요되지만, 내 몸에 오래 남는 '진짜 독서'가 가능해지는 순간이다. 눈으로만 읽는 독서는 편하고 쉽지만, 내 몸에 오래 남기지 못한다. 눈과 손이 함께 역할을 해내는 '필사 독서'는 고단하고 쉽지 않았지만, 오래도록 내 몸에 책이 머물러 있게 했다.

이 멋진 필사의 효과를 나만 알고 있을 리가! 유명한 작가들은 모두가 한 번쯤 필사를 권하며, 필사의 효과를 보았다고 한다. 소설가 조정래가 며느리에게 자신의 '태백산맥'을 필사하길 권했다는 일화는 이미 유명하다. 김영하 작가 역시 무진기행을 필사하며 이야기의 구조를 분석해냈고, '연탄재 함부로 발로 차지 마라'라는 문구의 시로 유명한 안도현 시인은 대학 시절 백석 시인의 시를 노트에 베껴 썼다고 한다. 누구나 다 아는 명작가들 역시 베껴 쓰기를 하며 글쓰기 기초를 다졌다는 것만 보아도, 필사 효과는 이미 입증된 것 아닌가.

어릴 적부터 늘 작가가 되고 싶었지만, 작가가 될 수 있으리라 생각한

적 없었다. 그저, 글을 쓰는 게 좋아서 시작한 필사였다. 다른 사람의 글이라도 옮겨 적다 보면, 내 글에도 나만의 색이 생기지 않을까 싶어서, 그리고 내 마음을 어루만져주고 싶어서, '그저' 시작한 필사였다. 필사의 효과를 의심하지 않고, 열심히 필사의 날갯짓을 해낸 끝에 나는 비로소 작가가 되었다. 필사라는 작은 날갯짓이 내 인생에 큰바람을 만들어 낸 것이다. 나처럼, 작가가 되는 게 꿈이 아니라 할지라도, 필사, 일단 시작해보라고 말하고 싶다. 작가가 되는 일이 아니더라도, 당신의 인생에서 상상하지 못했던 기적이 일어날 것이다. 나비효과처럼 말이다.

나무가 아닌, 숲을 볼 수 있는 필사

나는 사실, 꽤 작은 것에 연연해하며 살았던 사람이다. 하루 계획을 짜고, 계획된 일을 해나갈 때도 하나의 계획이 완벽하게 실행되지 않으면, 마음이 불편해져 그 뒤의 일들마저 틀어져 버린 날들이 많았다. 글을 쓸 때도 같았다. 앞 문장이 마음에 들지 않으면 뒤에 따라오는 문장들을 쓰면서도, 앞 문장에 눈을 떼지 못해 뒷 문장에 집중할 수 없었다. 한 문단이 마음에 차지 않으면, 내 글 전체가 마음에 영 들지 않았다. 매 문장이 완벽해야 스스로 만족할 수 있었고, 매 순간이 완벽해야 앞으로 나아갈 수 있다고 생각했다.

내 이런 성향은 학창 시절 공부를 할 때도, 적잖이 나를 많이 괴롭혔다. 학교 내신 시험을 대비해 공부할 때, 한 단원 한 단원 심혈을 기울여서 공부했다. 언뜻 들으면, '그렇게 해야 하는 거 아니야?'라고 할 수도 있겠지만, 진짜 공부 잘하는 사람들은 그러지 않는다. 교과서 한 권이 전체 시험 범위라고 한다면, 전체적인 흐름을 파악하고 중요한 부분만 뽑아내어, 그 부분만 집중적으로 공부한다. '선택과 집중'을 하는 것. 내용이 어떻게 흘러가는지 흐름은 확실히 파악하되, 모든 부분에 에너지를 쏟지 않는 것이다. 내가 쏟을 수 있는 에너지는 무한한 게 아니고, 한정된 것이기에 현명하게 에너지를 배분하는 것이다. 하지만, 나는 모든 내용을 정확하고 완벽하게 알고자 했고, 그래야 이 교과목을 완전히 습득했다고 스스로 생각했다. 그렇게 공부한 탓에, 열심히 공부는 했으나, 공부한 것에 비해 만족스럽지 않은 결과를 얻을 때가 많았다.

필사는 그런 내가 '선택과 집중'을 할 수 있게 해주었다. 모든 글에 같은 에너지를 투입하는 읽기가 아닌, 중요한 부분에 더 많은 에너지를 투입할 줄 아는 '선택과 집중'의 독서가 가능하게 해주었다.

나는 한 권의 책을 필사할 때 책의 차례부터 책의 마지막 장까지 다 옮겨 적는다. 책 한 권을 오롯이 옮겨 적는다고 생각하면 쉽다. 그렇게 해야만 한 권의 책을 써낸 작가의 의도가 더 마음에 와닿았고, 책의 전체 흐름이 더욱이 몸에 스며들었기 때문이다. 자연히 내가 좋아하는 글과 책이 어떻게 구성되어 있는지, 또한 어떤 흐름으로 글이 진행되어야 더 자연스럽게 읽히고, 독자에게 더 생생한 공감을 가져다주는지 알게 되었다. 필사하기 전엔, 눈여겨보지 않았던 차례가 얼마나 중요한 것인지 알게 되었고, 책의 주제는 '작가의 들어서는 말(머리말)'에 이미 다 들어있다는 것도 깨달았다. 그러다 보니, 어떤 이야기에 더 집중해서 읽어야 하는지, 어떤 부분에 줄을 치며 읽고 메모해두어야 하는지 골라내는 안목이 생겼다. 영화를 보기 전에, 영화 예고편과 영화감독의 안내를 미리 살펴보면, 영화 속 인물의 말과 행동의 의미를 더 파악하기 쉽고, 복선을 알아차리기 쉬운 것처럼 말이다.

그리고 한 권의 책을 만드는 작가의 호흡을 그대로 따라가며, 책을 베껴 써보니, 나도 책을 출판할 수 있겠다는 자신감이 생겼다. 짧게 글 적는 것이 익숙했던 나는, 책 출판은 감히 넘볼 수 없는 일이라고만 생각했다. 다른 이들의 글을 읽어낼 줄만 알던 내가, 책을 옮겨 적다 보니, 나 역시 다른 이들에게 읽힐 책을 써낼 수 있겠다는 생각이 들었다. 내가 매일 쓰는 한 편의 글들을 차곡차곡 모아 엮으면 책이 되는 일이었다. 물론, 내가 잘 쓸 수 있는 주제여야 하고, 다른 이들도 공감할 만한 소재를 책의 주제로 선택할 수 있어야 하고, 각 꼭지 글들이 서론-본론-결론이라던가 기-승-전-결의 구조를 띤 잘 적힌 글이어야 하겠지만, 책 출판이 내가 생각지도 못할 높은 벽이 아니라는 건 확실해졌다. 특히 요즘엔, 많은 정보를 주제에 맞게 새로 가공하고 자신만의 이야기로 재구성해내는 브랜딩이 더 중요해졌기에, 저명한 전문가가 아니라도 나만의 이야기로 쉽게 책을 써낼 수 있다. 실제로, 현재 인기를 많이 얻고 있는 책들을 찾아보면, 우리 같은 평범한 사람들이 출판한 일이 더 많다. 국문학과를 졸업해 글 쓰는 일을 업으로 삼는 전업 작가나, 특정 전문직에 종사하는 사람이 아니더라도 글을 쓸 수 있는 시대에 살고 있다는 게 어찌나 다행인지 모른다. 이렇게 내가 감히 책을 출판해보겠다는 생각을 하는 것은 다 필사 덕분이었다. 필사로 작가의 호흡을 온전히 따라가 보지 않았다면, 여전히 난 매일 단편만 적어내며 숲을 보지 못하고 나무에만 몰입하는 글쓰기를 했을 터. 한 권의 책을 펴내어 보자는 마음으로 글을 써보게 되니, 한 꼭지 안의 한 문장 한 문장이 다 중요하기보단, 한 꼭지의 전체 주제가 더 중요하고, 나아가 책의 전체 주제가 독자들이 공감할 만한 소재인지가, 더 중요하다는 걸 알게 되었다. 그 어떤 작가들도 그 모든 문장이 아름답고 논리에 맞는 것은 아니었다. 책을 그저 눈으로만 읽고 공기 중으로 날려버렸을 땐, 출판된 책의 문장은 모두 완벽할 거라 생각했지만, 그게 아니었다. 완벽을 지향하되, 완벽하지 않아도 된다는 것, 완벽보다는 최선을 다해 내 이야기를 적어내면 독자는 감동한다는 것을 깨닫게 되었고, 책 출판에 대한 용기를 얻게 되었다. 내가 적는 글은 나 혼자만의 것으로 생각했는데, 내 진심이 담긴 글이라면 다른 사람들이 읽는 책이 될 수도 있겠다는 생각으로 넓혀주었다.

책에 대한 눈을 트여준 필사는, 내 인생관마저 넓혀주었다. 필사하기 전엔, 매일 헤쳐나가야 하는 일들을 완벽하게 해나가면서 하루하루를 열심히 살아가야만 한다고 생각했다. 더 정확하게는, 출근하면 그날그날 주어진 일들을 처리해나가고 집에 오면 아이와의 일상을 헤쳐나가는 것만으로도 마음이 바쁘고 몸이 바빴기에 내 인생의 큰 목표는 잡지 않았다. 그저 매일 하루하루를 최선을 다해 임하면 내 인생이 어디론가 흘러가겠지, 하며 조금은 안일하게 생각했다. 하지만, 책 한 권 전체를 필사하면서 내 인생관을 돌아볼 수 있었다.

나는 한 개의 꼭지 글을 열심히 적어내는 것처럼, 매일 열심히 최선을 다해 하루를 살아가지만, 한 권의 책이 지녀야 하는 주제는 세우지 않았다. 즉, 내 인생의 전체 그림을 그려두지 않았다. 하루살이처럼 하루만 일단 살아내자 생각했고, 내 하루들을 모아 어떤 그림을 그릴 것인지 생각하지 않았다. 그저, '어떻게든 되겠지!' 하고 하루를 살아내는 것은, 매일 많은 글을 적어내긴 하지만, 일관된 주제가 있는 글들이 아니어서 한 권의 책으로는 엮을 수 없는 상태와도 같았다. 하루하루를 쪼개어 보면 충분히 가치 있고 멋지지만, 구체적인 목표를 가지지 않고 그저 흘러가는 대로 살아가는 중이었다.

그런 내가 필사를 시작하게 되면서, 내 인생의 전체 그림을 고민해보았고, 내 인생의 큰 그림을 생각하며 하루들을 살아내게 되었다. 그런 마음으로 바뀌고 보니, 내 하루의 너무 작은 부분들에 얽매이지 않게 되었다. 최선을 다했음에도 불구하고, 오늘 이루지 못한 게 있다면, 최선을 다한 내 노력만은 인정해주고, 지나간 것은 놓아주어도 된다는 것. 사소한 것들을 부여잡고 자책하지 않아도, 내 노력이 있다면, 내 인생의 전체 그림을 방해하진 않을 거라는 믿음을 가지게 되었다. 그리고 내 인생을 읽어내는 사람들은 내 노력과 마음을 알아줄 거라 생각하게 되었다. 책 속 모든 문장이 완벽하지 않아도, 내 글에 나의 진심이 묻어있다면, 독자들은 내 이야기에 귀를 기울이고 공감해주는 것처럼. 덕분에, 완벽을 지향하며 꽤 괴롭게 살아가던 내가 조금은 마음 편히 하루하루에 임하게 되었고, 내가 나를 괴롭히지 않게 되었다. 필사는 내 인생을 바꾸어 주었다.

다른 사람이 쓴 글을 그대로 옮겨 적는 필사가 뭐가 그리 대단한 것이냐며 말하는 사람들도 있겠지만, 다른 사람의 글과 책을 최선을 다해 옮겨 적고, 내 일상으로 완벽히 스며들게 한 사람들은 내 이야기에 공감할 것이다. 필사는 그저 다른 이의 생각을 베껴 쓰는 손가락 운동이 아니고, 저자의 이야기 속에서 내 인생을 살펴보며 내 인생을 다시 정비할 수 있게 하는 숭고한 작업이었다. 사소한 것에 얽매여 앞으로 나아가지 못하고, 한 치 앞을 생각할 여유가 없는 사람이라면, 더욱이 책을 첫 장부터 마지막 장까지 고스란히 옮겨 적어보자. 명확한 주제가 있고, 매끄럽게 흘러가는 책 한 권처럼, 내 인생에도 주제가 생기고, 숲을 볼 줄 아는 인생이 될 것이다.

제2장
필사가 글쓰기 울렁증에 특효였다

이진욱

필사가 글쓰기 울렁증에 특효였다

미소년 외모를 띤 한 남성이 떨리는 두 손으로 마이크를 들고 있다. 10여 명의 심사위원이 지켜보고 있는 무대에서 첫 소절이 시작된다. 심사위원 중 한 명의 안타까움 섞인 목소리가 들린다. "아, 너무 떤다." 1절이 끝난 직후 이내 각성한 듯 그는 다시 한번 마이크를 움켜쥐고는 정면을 응시하며 끝까지 완창한다. 이 가수는 결국 매 스테이지에서 무대 울렁증을 극복하며 성장 이야기 속에 당당히 최종 5위를 했다.

이처럼 많은 것들을 빠르게 변해가는 세상에서 우리는 다양한 울렁증 시대에 살고 있다. 머리 색이 다른 외국인의 "Excuse me" 한 마디에 말문이 막혀버리는 영어 울렁증. 끝없이 앞뒤로 왔다 갔다 주차 지옥에 빠지는 초보 운전자들의 주차 울렁증, 천하의 국민 MC도 손을 벌벌 떨며 겪었다는 방송 울렁증. 코로나로 성큼 다가온 디지털 세상에 키오스크만 설치된 식당은 들어가지 않는 디지털 울렁증까지. 여러분은 어떤 울렁증을 앓고 있는가?

우리의 인생 레이스는 액셀러레이터를 밟고 앞으로만 가기에도 바쁜데, 브레이크처럼 느껴지는 울렁증이 왜 생기는 것일까? 모든 울렁증의 원인을 모아보면 단 두 가지로 정리된다.

첫째는 과거 특정 경험을 통해 내적 심리에 트라우마로 남는 경우다. 어릴 적 물놀이하다 사고가 난 경험이 있는 사람은 당연히 수영하는 데 있어 과거의 그 기억이 큰 걸림돌이 된다. 이런 경우 무의식에 깊이 박힌 트라우마를 치료해야 하는데 절대 쉽지 않다. 그래서 전문가와의 상담을 통해 도움을 받는 경우가 많다.

둘째는 무경험, 즉 그 일에 대한 낯섦 때문이다. 사실 우리의 일상생활 속 모든 행동은 과거 언젠가 태어나서 처음 했던 행동들이다. 자녀를 키워본 경험이 있다면 처음의 그 순간들이 얼마나 큰 도전이었는지 이해할 것이다. 가만히 누워서 하늘만 보던 녀석이 뒤집기를 하더니, 걷고, 어느새 뛰어다닌다. 어른이 된 우리 모두 지금은 지극히 익숙한 모든 행동 역시 낯설었던 그 처음이 있었다는 말이다. 낯설 때의 첫 기억이 만약 좋지 않았다면 자신감 부족으로 울렁증이 생기는 경우가 많다. 하지만 결국 이 낯선 행동들은 지속적인 반복을 통해 익숙해질 때 울렁증을 극복할 수 있다.

SNS의 짧고 임팩트 있는 영상이 영향력 있는 요즘이다. 인스턴트식의 순간순간을 즐길 수 있는 영상을 소비하는 세대다. 그러다 보니 글과 관련된 모든 것과는 거리감을 느낀다. 특히 내 머릿속에 있는 생각을 글로 표현하기에 더욱 어려움을 느낀다. 즉 글쓰기 울렁증을 호소하는 사람들이 많다. 하지만 우리 일상의 모든 연결은 글에서 시작되어 글로 끝난다 해도 과언이 아니다. 따라서 어떤 울렁증보다 글쓰기 울렁증을 극복하는 것이 나를 이해하고, 세상을 풍요롭게 살아가는데 핵심 키라고 할 수 있다. 나는 글쓰기 울렁증에 그 어떤 것보다 '필사'만 한 것이 없다고 생각한다. 내가 말하는 필사란 매일 컴퓨터를 켜고 키보드로 책의 한 꼭지씩(소제목 분량) 타자하는 행위를 말한다. 약 20분 남짓 걸리는 이 행동이 어떻게 글쓰기 울정증의 특효가 될 수 있는지 한 번 알아보자.

먼저는 글이라는 매체에 익숙해진다. 앞서 지금은 정보 전달에 영상 매체가 가장 주류가 된 미디어 시대라고 할 수 있다. 과거 백과사전 책에서 정보를 찾던 시대에서 이제는 유튜브 덕분에 웬만한 모든 정보를 보다 입체적으로 보고, 들으며 배울 수 있다. 우리 집 딸아이도 모르는 것이 있으면 유튜브를 통해 정보를 얻는다. 사실, 글을 통해 얻는 정보보다 훨씬 이해도가 빠를 때도 많다. 그러다 보니 글보다는 영상매체에 훨씬 많은 시간을 노출하게 된다. 하지만 글을 통해서만 얻을 수 있는 것이 있다. 그것은 바로 사색이다. 다른 사람의 글을 읽으면 우리는 스스로 생각하게 된다. 자연스럽게 글을 가까이하면 나의 주관과 사고가 생기다. 매일 필사를 통해 자연스럽게 일정 시간 글에 노출이 되고, 자연스럽게 거부감을 줄일 수 있다.

그리고 글쓰기라는 행위에 익숙해진다. 대부분의 사람들은 키보드로 하는 필사에 대해 이렇게 생각할 것이다.

'말이 좋아 필사지 남이 쓴 글을 베끼는 것 아니야?'

'아무 생각 없이 그냥 치면 되는데, 타자 연습밖에 더 되겠어?'

'겨우 20분 정도 베끼어 쓴다고 바뀔만한 것이 있을까?'

바른말이다. 이미 남이 쓴 글을 베끼는 것이 필사다. 글쓰기 울렁증을 극복하려는 방법으로 필사를 강하게 추천하는 이유가 바로 이것이다. 흔히 글쓰기를 머리로 하는 것으로 생각한다. 그래서 어렵게 느끼는 것이다. 하지만 정작 유명한 작가들은 글쓰기는 몸으로 하는 것이라고 말한다. 글쓰기는 매일 일정한 시간에, 일정한 장소로 나의 몸을 글쓰기 최적화된 환경에 갖다 놓는 행위에서 시작한다. 우리의 눈으로 보기에는 남의 글을 보며 따라 적는 행동이다. 하지만 뇌가 인식하는 것은 조금 다르다. 매일 지속해서 글쓰기 환경에 노출된 우리의 뇌는 마치 내가 직접 글 쓰는 것이라 착각하며 점차 글쓰기 행위에 대한 거부감을 낮춰준다. 우선 시작해보라. 매일 20분 투자로 어느새 컴퓨터 앞에 앉아, 타자하는 것에 익숙해져 있는 자기 모습을 낯선 시선으로 바라보게 될 것이다.

마지막으로, 생각을 글로 표현하는 것에 익숙해진다. 우리는 책과 얼마든지 가까워질 수 있는 환경에서 살아가고 있다. 아무리 책 읽지 않는 가정에서도 구석구석 꽤 많은 책을 찾을 수 있을 것이다. 이렇게 쉽게 접할 수 있는 책 한 권이 세상에 나오기까지는 미처 상상할 수 없는 인고의 시간을 거쳤으리라. 많게는 수십 번의 퇴고 시간을 거쳐 작가의 생각이 정리되어 나온 것이 바로 책 한 권이다. 우리는 필사를 통해 작가가 경험한 노고의 시간을 간접 체험하게 된다. 상상해보라. 우리가 필사하는 모습이 흡사 작가가 컴퓨터 앞에 앉아 자기 생각을 글로 끄집어낸 행위와 크게 다르지 않다. 우리는 인정하지 않더라도 필사를 통해 당신의 뇌는 이미 작가로서의 준비를 해가고 있다. 믿지 못하겠으면 딱 일주일만 필사의 시간을 가진 뒤 내 생각을 몇 줄 덧붙여보자. 필사로 이미 글쓰기에 대한 준비운동을 끝마친 놀라운 경험을 하게 될 것이다.

글쓰기 울렁증을 겪고 있는가? 그럼 이 사실 먼저 인지하자. 대한민국 사람이라면 모두 일찍이 글쓰기를 시작했다. 갑자기 무슨 말이냐고? 잠시 눈을 감고 초등학교 5학년 8월의 뜨거운 여름으로 돌아가 보아라. 비록 단순한 일상과 느낌 한 줄 정도였겠지만, 우리는 모두 그렇게 일기장을 펼쳤던 글쓰기에 대한 추억 속 경험이 있다. (2학년 우리 집 꼬맹이도 지금 내 옆에서 열심히 하루를 돌아보는 중이다) 일찍이 나는 글 쓰는 사람이었다는 것을 먼저 인정하고, 필사를 통해 글쓰기에 대한 긍정적인 작용을 할 수 있는 익숙해지는 경험을 쌓아간다면 누구든지 글쓰기 울렁증쯤은 충분히 극복할 수 있을 것이다.

타닥타닥, 나를 살리는 소리

모든 가족이 잠든 어두운 시간 나의 팔목에서 작은 진동이 울린다. 잘 때 팔목에 끼고 잔 스마트 워치 액정에는 숫자 05:30이 떠 있다. 누워서 온몸을 쭉 한 번 펼친다. 어릴 땐 손목에서만 뚜두둑 소리 나던 것이 이제는 발목, 무릎, 목, 팔꿈치 등 온몸 구석구석에서 뚜두둑 뚜두둑 소리가 난다. 몸을 일으켜 부엌으로 가서 배도라지 티백을 투명 찻잔에 넣고 정수기의 온수를 틀어놓는다. 그리고는 책상의 스탠드와 노트북 전원을 누르고 화장실에서 입을 한 번 헹구고 세수한다. 다녀오면 뜨거운 물이 채워져 있는 찻잔을 들고 책상에 앉는다. 전원이 켜진 노트북의 한글 프로그램을 열고 책상에 있는 투명 책꽂이에 오늘의 필사할 책의 페이지를 펼쳐 꽂아둔다. 그리고는 그때부터 나의 하루에 숨을 불어넣는 소리가 시작된다. '타닥타닥'

키보드로 매일 책 속의 한 꼭지(소제목)씩 필사를 시작한 지 어느덧 250일째가 되었다. 내가 200일 이상 연속으로 꾸준히 해왔던 것이 과연 밥 먹고 숨 쉬는 일 말고 다른 무언가가 있었던가? 어느새 필사는 내 생활에 깊숙이 침투해 많은 것을 바꿔놓았다. 매일 꾸준히 지켜간 20분의 필사 시간이 나의 삶에 어떤 부분을 바꿔놓았을까?

무엇보다 가장 큰 변화는 온전히 '나 자신'에 집중하게 되었다. 회사 생활, 혹은 사업, 가족관계 등 다양한 이유로 스트레스받는 사람들이 머리 정리를 한다고 찾는 대표적인 곳이 낚시터다. 캠핑 의자를 펼치고 앉아 미끼를 끼워 저만치 던져놓고 물고기가 입질할 때까지 가만히 보고 있노라면 복잡했던 머릿속 생각이 정리되는 경험을 한다고 한다. 하지만 예외는 있었다. 나는 딱 한 번의 낚시 경험이 있었는데, 내 머릿속에는 온통 '언제 입질이 오지? 물고기는 있는가? 왜 나만 반응이 없지?' 등 쉴 새 없이 스스로 속삭이는 말들에 도통 머릿속 정리란 경험은 전혀 하기 힘들었다.

이처럼 나는 흔히 얘기하는 낚시의 손맛은 모른다. 하지만 필사하는 키보드 손맛은 안다. 매우 잘 안다. 나는 다양한 시간에 필사를 해봤다. 이 세상이 멈춰있는 듯한 모두가 잠들어 있는 새벽 시간 05:30. 하루의 일정을 시작하기 직전인 이른 출근 직후 시간 09:00. 딸과 아내가 잠들어 있는 하루를 정리하는 시간 22:00. 이 세 가지 시간 중 나의 원픽은 바로 새벽 시간이다. 잠에서 막 깨어 세수 한번 하고 나오면 마치 100%

완전히 충전된 스마트폰처럼 맑은 정신 상태가 된다. 사람은 하루에 수백 가지 행동한다고 하는데, 내가 제대로 각 잡고 처음으로 하는 행동은 바로 필사다. 책의 한 꼭지를 필사하는데 한글 프로그램의 약 A4 2장 반이 채워지고, 약 20분의 시간이 흐른다. 필사를 시작한 첫 2~3분여의 시간 동안은 나의 몸과 정신이 온전히 키보드와 책, 그리고 모니터에 집중하게 된다. 이후, 마치 내가 책이 되고, 책이 내가 된 양. 물아일체인 상태에서 몰입을 경험한다. 이 상태가 되면 모니터에는 오타가 나든 말든 눈길 한번 주지 않고, 시선은 책에, 두 손은 키보드 위에 두어 타닥타닥 소리를 내기 시작한다. 그러면 나의 머릿속에 남아있던 잡념은 어느새 밀려서 깨끗해진다. 그 깨끗해진 머릿속에 '나'라는 키워드를 떠올린다. 하루를 시작하는 첫 시간을 나는 '나 자신'에 대해 떠올릴 자리를 내어준다.

그리고 필사를 시작하면서 나만의 시그니쳐 백색소음이 생겼다. 우리의 뇌는 쉽게 바뀌지 않는다. 그래서 새로운 습관을 지니기 위해서는 환경설정이 필요하다. 대표적인 방법이 특정한 환경과 특정한 행동을 짝을 이루어 반복적으로 행동하는 것이다. 예를 들어서 나는 책을 읽기 전에 항상 틀어놓는 BGM이 있다. 이 BGM이 들려오는 환경에 책을 읽는 행동을 함께 짝을 이루어 반복하다 보니, BGM만 틀어놓아도 나의 뇌는 책을 읽을 준비를 하게 되는 것이다.

유튜브에서 보면 '백색소음'이란 채널이 있다. 겨울 빗소리, 지하철 5호선 소리, 아시아나 비행기 기내 소리 등 우리가 일상에서 들을 수 있는 흔한 백색소음을 모아둔 채널이다. 그중 눈길을 끌었던 콘텐츠가 있었는데 수험 시험장의 백색소음이었다. 긴장 속에 수능을 치를 수험생들이 미리 간접 경험하고 이미지 트레이닝을 할 수 있도록 만들었을 것이다.

나에게도 이런 시그니쳐 백색소음이 있는데 바로 필사할 때 나는 '타닥타닥' 나는 키보드 소리다. 매일 20분을 꾸준히 필사하다 보니 키보드의 이 소리가 나면 자연스레 나의 온갖 신경은 하나로 모인다. 그리고 나의 뇌는 몰입할 준비, 그리고 글을 쓸 준비를 하게 된다. 필사를 시작하면서 글 쓰는 실력이 많이 늘었는데, 키보드 백색소음이 내가 글을 쓸 수 있는 최적의 상태로 준비시켜줬기 때문이라 생각된다.

필사를 시작하며 나도 작가 마인드를 가지게 되었다. 무언가 한 가지를 꾸준히 하는 습관이 생기면 다른 습관들을 잡아가는 데에도 영향을 준다. 이것을 핵심 습관이라고 하는데 일상의 작은 행동으로 시작할 수 있다. 예를 들면 아침에 일어나자마자 이불 개기. 퇴근 전 책상 위 정리하기. 컴퓨터 바탕화면 깨끗하게 유지하기 등이 있을 수 있다. 내게는 필사를 하는 하루 20분의 투자 시간. 그것이 곧 핵심 습관이다. 필사는 책을 동반한다. 당연히 하루도 빠지지 않고 책을 펼치게 되었다. 또

한, 필사하며 글 체력이 많이 좋아졌다. 의자에 앉아 지속해서 쓸 수 있는 엉덩이 근육의 체지방과 같은 글 지방이 늘었다랄까? 그리고 무엇보다 250일 이상 꾸준히 해왔다는 스스로에 대한 성장만족감이 제일 크다. 예전에는 작가가 되려면 글을 잘 써야 하는 줄 알았다. 하지만 이제는 작가에 대한 정의가 달라졌다. 작가는 글을 잘 쓰는 사람이 아니다. 매일 글을 쓰는 사람이 작가다. 필사를 통해 이런 작가의 마인드를 가질 수 있게 되었다.

새벽 시간 들리는 타닥타닥 소리. 이것은 온전히 '나 자신'에게 몰입하게 해주었다. 그리고 나의 뇌에 최적의 글 쓸 준비를 할 수 있게 해주었다. 또한, 매일 글을 쓸 수 있는 작가 마인드를 가질 수 있게 해주었다. 이 모든 것이 하루 20분 필사 시간 투자의 결과다. 하루 20분. 잠자는 시간 8시간을 제외한다면 하루 약 2%의 시간이다. 이 2%의 시간이 나머지 98% 나의 삶을 바꿀 수 있다면 믿겠는가? 하지만 생각보다 꾸준함은 강력하다. 2%가 아닌 0.2%의 시간으로도 꾸준함만 장착된다면 그 누구도 상상할 수 없는 나비효과를 불러일으킬 수 있다.

당신은 어떤 소리 속에 살아가고 있는가? 매일 듣고 있는 그 소리는 당신의 삶을 크게 펼쳐주게 돕는 소리인가? 아니면 점점 더 움츠러들게 만드는 성장을 방해하는 소리인가? 그것도 아니라면 특별히 떠오르는 소리가 없는가? 당신이 살아있는 하루의 시간으로 보내고 싶다면 딱 사흘만 20분의 시간을 필사로 투자해보길 권한다. 우리 집에서 들렸던 키보드 소리가 마치 나의 삶에 큰 변화를 앞두고 똑똑 노크한 것처럼, 이 글을 보고 있는 당신에게도 사인을 보내고 있다. 필사의 소리를 통해 큰 삶의 변화 경험을 가져보기를 진심으로 바라본다.

아빠, 책을 왜 베끼는 거야?

내가 쓰는 컴퓨터 책상은 거실에 있다. 그러다 보니 자연스럽게 매일 책 한 권을 펼쳐놓고 타자하는 모습이 의도했던, 그렇지 않던 가족에게 자연스럽게 노출된다. 필사를 시작하며 많은 것들이 바뀐 나의 일상처럼 기간별로 가족들의 반응 역시 달라졌다. 필사 시작 첫날, 가만히 보고만 있으면 섭섭할 딸아이가 아니나 다를까 내게 물어왔다. "아빠, 책을 왜 베끼는 거야?" 그런 딸에게 나는 대답했다. "매일 글을 쓰는 사람이 되려고 연습하고 있단다."

필사를 시작하면서 내가 경험한 일상의 변화에 대해 주변 글쓰기에 관심이 있을 만한 모든 사람에게 간증하듯이 말한 것 같다. 내가 그렇게 만나는 사람마다 전달했던 책을 베끼는 이유를 나열하면 세 가지로 정리된다.

첫째, 글을 쓰기 위해 베낀다.

글을 잘 쓰는 작가들을 바라볼 때 사람들은 상상한다. 창의적인 활동을 위해 산책하는 모습. 며칠 밤을 새워서 한 권 분량의 양을 한꺼번에 뽑아내는 모습. 물론 이런 상상 속의 모습이 글 쓰는 사람들의 일상과 전혀 다르지는 않다. 하지만 글 쓰는 사람이라고 할 때 가장 대표적인 모습은 컴퓨터 앞에 앉아 키보드를 타자하는 모습일 것이다. 그렇다. 글은 머리로 쓴다기보다는 키보드를 치는 두 손가락과 의자에 오랫동안 앉아있는 엉덩이로 쓰는 것이다. 처음 글을 쓰기 위해 아무 연습도 되어있지 않을 때 필사만큼 매일 글을 쓰는 환경을 만들어주는 습관은 없다고 본다. 작가는 결국 매일 글을 쓰는 사람이다. 아직 내가 자신의 글을 쓰기 부족하다면, 다른 사람의 글을 베껴서라도 매일 글을 쓰는 연습을 한다면 그 또한 작가로서의 습관을 연습 중이라 생각된다. 책을 읽기 위해 1페이지만 읽겠다는 가벼운 마음으로 시작하는 것처럼, 글을 쓰기 위해 딱 한 문단만 베끼자는 마음으로 시작하면 된다. 그러면 어느새 매일 글을 쓰는 작가의 모습을 하는 자기 모습을 볼 수 있을 것이다.

둘째, 글을 배우기 위해 베낀다.

내가 가진 실력이 0일 때 그 실력을 급격하게 키우는 방법이 있다. 나의 실력이 0이라는 사실은 지금 내가 가진 것이 아무것도 없다는 것이다. 여기에는 경험도 포함된다. 배우려는 것에 대해 아무 경험이 없다.

이럴 때는 무조건 도전하면서 실패하고, 다시 재도전하여 경험을 쌓아 실력을 높이는 수밖에 없다. 그러면 당연히 실력은 늘어날 것이다. 하지만 급격하게 실력을 키우는 방법은 따로 있다. 바로 내가 도전할 분야의 먼저 앞서 진행한 사례를 찾는 것이다. 그것에 대한 분석과 동시에 실행하면 성장확률은 훨씬 높아진다. 필사가 바로 글쓰기에 있어 벤치마킹(bench-marking)이자, 타산지석(他山之石) 삼을 기회를 제공한다. 손으로 필사를 시작하면 그것은 독자가 아닌 같은 작가의 관점에서 글을 보게 된다. 책의 저자가 작성한 글을 보며 속으로 이런 생각이 들 것이다. '이런 표현은 나도 한번 써 먹어봐야겠다.' '와! 구조를 이렇게 풀어낼 수 있구나.' 그저 눈으로 읽을 때와는 또 다른 작가의 관점으로 책을 읽게 되는 세상이 열릴 것이다. 이렇게 실제 작가들처럼 매일 글을 쓰는 환경에서 글을 쓰는 방법에 대해 매울 수 있다.

셋째, 작가의 세상을 이해하기 위해 베낀다.

아내가 임신하고 결혼박람회 전시를 함께 방문한 적이 있다. 결혼식 준비를 위한 부스뿐만 아니라, 예비 엄마, 아빠를 위한 부스도 많았다. 그 중의 임산부 체험이라는 코너가 있었다. 그곳에는 가슴과 배에 모래 주머니 같은 것으로 채워진 앞치마가 있었다. 앞치마를 어깨와 허리에 끈을 둘러 착용해 보았다. 그렇게 몸소 체험한 경험으로 임신한 아내의 세상을 보다 이해하는 데 큰 도움이 되었다.

필사는 SNS나, 공책에 글을 적는 것과는 전혀 다르다. 필사하기 위해 먼저 한글 프로그램을 실행한다. A4 페이지의 하얗게 비어있는 여백을 보면서 느껴지는 압박감은 여느 작가가 느끼는 것과 같을 것이다. 이것이 바로 언젠가 내 이름으로 된 책을 한 권 출판해보고 싶다는 사람들에게 필사를 강력하게 추천하는 이유다. 상대적 얇은 시집이든, 수백 페이지 넘어가는 벽돌 책이든 그 시작은 한글 프로그램의 빈 페이지에서 시작한다. 처음으로 책의 한 꼭지를 한글 프로그램으로 필사한 후 느낀 감정이 생생하다. 빈 페이지를 채워준 날것의 포장되지 않은 글들. 정말 작가가 쓴 듯한 약 2페이지의 한 꼭지 분량. '아! 이것이 작가의 세상이구나!' 책 속에서 정돈된 글을 볼 때와 전혀 다른 느낌이었다. 그리고 처음으로 책 한 권을 모두 필사했을 때 역시 생생하다. 36일에 걸쳐 매일 한 꼭지씩 96페이지 책 한 권 분량의 필사를 마쳤을 땐 마치 내가 책 한 권의 초고 작성을 끝낸 것 같은 착각이 들 정도였다. 더불어 매일 한 꼭지씩 초고를 작성한다면 아무리 길어도 한 달에서 한 달 반사이면 나의 책 한 권도 낼 수 있겠다는 확신도 얻게 되었다. 물론 단순 계산용이지만, 평생 책 한 권 내는 것이 버킷리스트의 한 줄을 차지하고 있다면 이 정도의 시간은 충분히 도전해볼 만하지 잃겠는가?

한 소설가는 매일 새벽에 일어나 1~2시간씩 러닝 하는 루틴을 가진다고 한다. 그 후 매일 정해진 시간만큼 꾸준히 글을 쓴다고 한다. 유명한 축구 스타를 키워낸 한 아버지는 늘 기본을 강조한다. 아들에게 축구의 기본기인 패스, 드리블, 킥, 볼 컨트롤의 완성이 되기 전까지 근육에

무리가 갈 수 있는 숫연습은 절대 시키지 않았다고 한다. 그 기본기를 익히는 데만 7년이란 기간이 걸렸다고 한다.

지금 한 번 눈을 감고 우리가 매일 반복적으로 하는 것들을 한 번 떠올려보라. 그렇게 떠올린 리스트 중 나의 삶을 하루아침에 바꿔줄 만한 것들이 있는가? 그럼 다시 한번 다른 질문으로 바꿔보겠다. 매일 하는 행동 중 5년 후 나의 삶에 큰 영향을 줄 것 이란 확신이 있는 행동이 있는가? 아침 기상과 함께하는 10분간의 스트레칭, 출근길 팟캐스트로 듣는 5분 경제 상식, 내 딸에게만 온전히 집중하는 매일의 30분 저녁 시간. 어떤가? 이런 행동들 쉽게 우리가 흔히 매일 할 수 있는 것들 아닌가? 이런 행동들은 우리의 삶과 우리 자신을 바꿀 것임이 분명하다고 확신한다. 하루 필사 20분도 마찬가지로 삶을 바꾼다.

하루 잠자는 시간을 제외한 약 2% 정도의 시간 20분. 매일 20분만 떼어놓고 한 꼭지 필사에 투자해 보자. 이런 것에 괜한 이유, 근거들을 찾아보려 하지 말고 그냥 일단 한번 시작해 보자. 설령 아무것도 얻지 못할 것을 가정해도 우리가 매일 각종 SNS, 뉴스, 미디어에 낭비되는 시간 일부만 떼어놓으면 되지 않는가? 평범한 우리 삶의 미래를 비범하게 만들어줄 행동들은 전혀 거대하지 않다. 다만 이 작은 행동 조각들을 꾸준함이라는 접착제로 붙인다면 내가 원하는 것 이상의 위대한 삶의 작품을 만들 수 있을 것이다. 당신은 이 작디작은 행동의 결정으로 평생 버킷리스트라 여겨졌던 책 한 권 출판의 꿈이 실현될 것이다.

필사와 감상 글, 최고의 짝꿍

"당신은 글쓰기가 쉬운가요? 어려운가요?"

길거리를 지나가는 사람들을 붙잡고 이 질문을 해보면 십중팔구는 어렵다고 답할 것이다. 유명한 카피라이터, 베스트셀러 작가, 신문 기사 등 오랫동안 글을 쓰는 직업을 가진 사람들조차 결코 위 질문에 대해 전자를 택하기란 쉽지 않을 것이다. 그렇다. 글쓰기란 어렵다. 특히, 아직 한 번도 제대로 써보지 않은 사람들에게는 더욱 그럴 것이다. 나 역시 같은 마음으로 지금 글을 쓰고 있다.

내가 글을 썼던 첫 기억을 거슬러 올라가 보면 초등학교 때 썼던 일기장이었지 않았을까. 그때 써둔 일기장들은 우리 집 창고에 한 상자 가득 보물처럼 잘 보관되어 있다. 한 번씩 매일 반복되는 말투로 순수하게 적어 내려간 글들을 꺼내 읽어보면 웃음이 나온다. 성인이 되어 본격적으로 글을 쓰기 시작한 것은 2020년 2월이었다. 그 당시 대구는 이제 막 코로나19 감염이 확산하던 시기였다. 아직 정보가 없는 감염병에 동네 슈퍼도 나가기 두려워 집에서 모든 것을 해결했다. 나는 그런 집콕 생활이 다시 오지 않을 6살 딸아이와의 함께하는 유일한 시간이 될 것이란 것을 직감했다. 시간이 흐르면 남는 것은 오직 사진과 글밖에 없다는 생각에 블로그에 십수 년 후 청년이 되었을 딸을 상상하며 현재의 청년 아빠의 생각과 느낌을 포스팅하기 시작했다.

앞서 얘기한 내 인생 두 번의 글쓰기에는 공통점이 있다. 바로 지속해서 이어지지 못했다는 점이다. 과거 일기 쓰기는 단순 숙제였을 뿐 그 이상도, 이하도 아니었기에 계속 이어갈 원동력이 부족했다. 그에 반해 딸에게 써온 글은 그 어떤 이유보다도 원동력 하나만큼은 충만했다. 하지만, 그 글을 계속 이어 나갈 글쓰기 습관이 잡혀 있지 않았다. 습관은 결코 하루아침에 생기지 않는다. 지속력 있는 제대로 된 글쓰기 습관을 갖추는 방법으로 필사를 강하게 추천한다. 필사하면 자연스럽게 내 생각을 글로 남기는 습관도 따라오게 될 것이다. 이를 다른 말로 정리하자면 글쓰기 습관의 최고의 짝꿍, 필사와 감상 글이다. 필사와 감상 글, 이 둘은 어떻게 최고의 짝꿍이라고 할 수 있을까?

첫째, 글쓰기의 선순환을 만들어 낸다.

학창 시절 물의 순환에 대해 배운 기억이 있을 것이다. 땅에 있는 물이 증발하여 구름을 만들고, 그것이 다시 비가 되어 떨어지는 사이클을 통해 지구에 생명이 존재할 수 있다는 내용 말이다. 지속력을 갖춘 글쓰기 습관을 만들어 내기 위해서도 이런 선순환 사이클이 필요하다. 일반적으로 가장 흔히 쓰이는 방법이 독서를 통한 인풋을 하고, 그것을 통해 느낀 것을 적는 아웃풋이다. 하지만 진짜 글을 쓰고 싶다면 단순히 눈으로 읽는 독서가 아닌 필사를 추천한다. 필사하면서 저자의 생각뿐만 아니라, 저자의 글쓰기 방법을 배우게 된다. 저자의 주장이 서두에 있는지, 뒤에 있는지. 직접 경험한 사례와 간접 경험한 사례는 어떤 식으로 활용했는지. 글을 어떤 구조로 작성했는지 등 저자가 글을 썼을 때의 환경을 함께 생각하게 한다. 이런 생각들을 통한 필사 과정을 거치고 난 후 적어 내려가는 내 생각, 즉 감상 글은 느낀 점을 나열하는 것에서 그치는 것이 아닌, 구조를 갖춘 감상을 형태로 글을 쓰게 된다.

둘째, 글쓰기 초보도 충분히 따라올 수 있다.

운전하다 보면 종종 볼 수 있는 단어가 '초보운전'이다. 한 번은 초보의 정의에 대한 설명도 곁들여 함께 붙인 문구가 인상 깊었다. '초보 : 처음으로 내딛는 걸음.' 누군가의 이런 첫걸음은 응원받아야 마땅하다. 내가 글쓰기에 있어 초보라는 생각이 든다면 필사와 감상을 쓰기는 초보 딱지를 뗄 수 있는 더욱더 강하게 추천하는 방법이다. 초보가 가장 빨리 초보 딱지를 떼는 방법은 바로 벤치마킹이다. 내가 가진 것에서 시작하기에는 초보는 너무 가진 것이 없다. 따라서 처음에는 다른 모범 사례를 따라 나의 것으로 만드는 것이 가장 정확하며 빨리 실력을 키우는 방법이다. 필사는 글쓰기에 있어서 대표적으로 벤치마킹하는 방법의 하나다. 글쓰기와 관련된 책 중 이왕이면 저자의 첫 책을 골라라. 누구에게나 첫 책은 생각보다 엉성하다. 이 방법을 통해 필사하면서 배우는 부분도 있지만, 역으로 '나도 글을 쓸 수 있겠다.'라는 자신감도 생기게 될 것이다. 글도 글쓴이의 상태를 따라간다. 충분한 자신감이 붙었을 때 적어 내려가는 감상 글은 어떻겠는가? 책 한 권만 제대로 읽으며 필사와 감상을 작성의 사이클을 거치고 나면, 나도 모르게 늘어난 글 실력에 놀랄 것이다.

셋째, 글쓰기 루틴을 만들 수 있다.

습관과 관련된 수많은 책 중 가장 유명한 '아주 작은 습관의 힘'에 보면 습관 짝꿍이란 개념이 나온다. 새로운 습관을 만들기 위해 단독으로 그 습관에만 몰두하는 것이 아니라, 내가 하기 쉬운 행동과 함께 짝꿍을 이뤄 만들면 습관화하기 훨씬 쉽다는 것이다. 막상 글을 쓰기 위해 한글 프로그램을 켜면 빈 페이지에 깜빡이는 커서처럼 새하얀 머릿속에 두 눈만 깜빡이는 나를 발견할 수 있을 것이다. 글쓰기가 익숙지 않다면 먼저 익숙한 환경으로 만들어주는 행동이 필요하다. 그것이 바로 필사다. 내 생각이 들어가지 않더라도 그냥 펼쳐진 책의 문장을 따라 작성하는 것. 이 단순한 행동이 새롭게 무엇인가 창조해야 하는 것같이 큰 벽처럼 느껴지는 글쓰기보다는 훨씬 쉽게 느껴질 것이다. 단순히 따라 적는 것이 필사라고 하지만, 필사에 익숙해지면, 두 팔은 키보드를 치면서도 나의 머릿속으로는 이미 내가 쓸 내용을 정리하고 있다. 이렇게 필사가 끝난 후 감상 글을 쓰기 시작하면 훨씬 쉽게 머릿속 생각을 줄줄 글로 옮기게 되는 경험을 하게 될 것이다. 선 필사, 후 감상글. 이렇게 나만의 글쓰기 루틴이 생긴다.

요즘 시대의 창조는 새로운 것을 발명하는 것이 아니라, 기존에 있는 것들을 융합하는 기술이라고 한다. 기존에 우리가 사용하고 있는 전화기, MP3, 인터넷을 잘 융합하여 창조해낸 아이폰이 대표적이다. 글쓰기에 있어 창조 역시 마찬가지다. 필사하면서 기존 작가들의 생각을 습득한다. 그것을 그대로 사용하는 것은 문제가 된다. 표절 시비가 그래서 일어나는 것이다. 내가 습득한 정보들을 자연스럽게 내 생각과 잘 융합한 결과물을 써 내려간다면 그것이 곧 창조인 것이다. 이처럼 창조를 새로운 것이 아닌, 기존의 것에서 새로운 내 생각을 추가하며 얻는 방법을 배운다면 누구든 쉽게 창조를 할 수 있을 것이다. 어떤가? 글쓰기 생각만 해도 아직은 너무 어려운가? 어떤 글을 써야 할지 도무지 떠오르지 않는가? 당신도 창조적 글쓰기를 하고 싶은가? 필사와 감상 글이라는 글쓰기의 최고의 짝꿍을 당신의 글쓰기 루틴으로 초대한다면, 그들은 당신에게 창조적 글쓰기라는 선물을 선물할 것이다.

필사, 귀차니즘 제어장치

　전국에서 가장 덥기로 유명한 도시는 어디일까? 바로 나의 고향 대구다. 대프리카(대구+아프리카)라는 말이 있을 정도로 지형상 산으로 둘러싸인 분지 대구는 여름철 날씨가 유명하다. 하지만 이런 무더운 날씨에도 예전만큼 더운 일상을 보내지 않는다. 바로 우리와 함께하는 일상이 된 에어컨 덕분이다. 집에도, 차에도, 회사에도 이제는 에어컨 없는 곳이 없을 정도로 일상이 되었다. 에어컨에 많은 기능 중 나는 자동 온도 제어기능을 활용한다. 사전에 온도를 설정해두면 너무 춥지도, 그렇다고 너무 덥지도 않은 적정 실내 온도를 유지해준다. 이에 한여름에도 더 쾌적한 환경에서 일상생활이 가능하다.

　자동차 역시 대표적인 속도 제어장치인 오토크루즈 기능이 있다. 운전자가 액셀러레이터를 따로 밟지 않아도 사전에 설정한 특정 속도를 유지해주는 기능이다. 최근 출시된 신차에는 자동주행 기능과 더해져 앞의 차량 속도에 맞추어 속도를 줄였다가 다시 설정한 속도로 유지해준다. 이 기능을 설정해두면 운전자는 고속도로와 같은 장거리 운행 시 발을 자유로이 움직일 수 있어 피로감을 확연히 줄일 수 있다.

이처럼 첨단화된 세상 속에서의 많은 제어장치(기능)들은 우리의 몰입 환경을 도와준다. 하지만 기계적인 도움에는 한계가 있다. 눈에 보이는 환경적인 도움은 될 수 있으나 우리의 마음 상태와 관련된 심리적인 것을 타파하는 데는 무리가 있다. 대표적인 몰입 방해 요소로 귀차니즘을 들 수 있다. 사전적 정의로 '만사를 귀찮게 여기는 것이 습관화된 상태'라고 할 수 있는데, 아무것도 시작할 수 없게끔 만드는 대표적인 심리적 방해 요소다.

앞서 소개했던 실내 온도와 자동차 속도를 제어할 수 있는 것처럼 이 귀차니즘을 제어할 수 있는 탁월한 방법이 있다. 그것은 바로 필사다. 하루 20분 투자하는 필사의 시간을 통해 글쓰기뿐만 아니라 우리의 삶을 바꿀 수 있는 강력한 환경설정이 되는 것이다. 어떻게 필사가 귀차니즘의 제어징치가 될 수 있을까?

먼저는 생각 없이 바로 시작할 수 있다. 나 역시 많이 경험해봤지만, 귀차니즘 단계에 접어드는 순간 일단 첫 번째 반응으로 생각이 많아진다. 오늘까지 제출해야 하는 과업이 있음에도 불구하고, 뒷순위였던 일들이 우선순위로 올라가고, 스스로 안 해도 될 이유를 마구마구 상상하기 시작한다. 그 상상들로 인해 나의 몸은 바닥과 가까워지고 겨울 동면에 들어간 동물처럼 움직이지 않는다. 어떤 일을 할 때 가득 찬 생각으로 머리가 무거워지면 안 된다. '머리는 가볍게, 두 발은 빠르게'라고 했다. 필사는 펼친 책의 텍스트와 똑같이 컴퓨터에 옮겨 적는 작업이기에 내 생각을 필요치 않는다. 그저 눈에 보이는 데로 키보드를 두드리면 된다. 따라서 필사를 시작하는 데 있어 깊은 생각할 우려는 없다. 극단적으로 그저 한글 자판 연습한다는 마음으로 의자에 앉아도 상관없다. 귀차니즘 상태에서 가장 중요한 것은 무엇이든 시작하는 것이다. 시작의 문턱이 높지 않은 필사가 그 첫 단추를 잘 끼울 수 있도록 도와준다.

필사를 시작하면 결과물을 바로 얻을 수 있다. 귀차니즘이 생기는 이유 중 하나는 앞서 진행한 특정 과업, 업무, 프로젝트 등을 통해 나 스스로 눈에 띄는 성과를 가지지 못했기 때문이다. 만약 성과를 얻었다면 그것이 긍정적 작용을 해서 다시 새롭게 시작할 동력이 될 수 있다. 하지만 아무것도 얻지 못했다고 생각하게 되면 심리적으로 뭔가를 시작할 동력을 잃게 된다. 그래서 지키기 힘든 거창한 목표에 대한 실패 경험보다, 작더라도 충분히 이룰 수 있는 꾸준한 결과가 필요한 것이다. 이 결과물을 필사가 줄 수 있다. 약 20분간 책의 한 꼭지 필사를 끝내면 모니터 화면의 한글 프로그램에는 A4 용지 약 2장의 작성된 원고가 남게 된다. 내가 투자한 시간의 결과물을 즉시 볼 수 있게 되는 것이다. 일반적으로 한 권의 책에는 약 40~50개의 꼭지(소제목)가 있다. 단순 계산으로 매일 20분의 투자에 한 달 반 정도의 시간이 쌓이면 필사 완료된 책을 한 권씩 쌓아가게 되는 것이다. 필사를 통해 결과물을 바로 보게 되는 연습하며 내게 주어진 다른 과업, 업무에도 다시 시작할 용기를 얻게 되는 것이다.

마지막으로 필사를 통해 내 생각을 바로 적을 수 있다. 귀차니즘을 겪으며 벗어나고 싶어도 쉽지 않다. 생각만으로는 절대 불가능하다. 문제의 솔루션을 찾기 위해서 가장 중요한 것은 바로 문제 정의다. 내가 귀차니즘을 가지게 된 패턴, 환경, 특정 요소를 생각이 아닌 글로 적어야 한다. 그래야 객관적으로 나의 문제에 대해 볼 수 있다. 그래서 글쓰기가 아직 낯선 사람들에게 필사를 추천한다. 왜냐하면, 필사는 글쓰기의 준비운동이기 때문이다. 모든 운동하기에 앞서서 최적화된 몸 상태로 만들어주기 위해 하는 것이 준비운동이다. 준비운동은 굳어있던 몸을 풀어주어 운동을 시작할 때 바로 적응할 수 있도록 도와준다. 약 20분간 진행되는 필사로 우리의 몸, 특히 뇌는 이미 글 쓰는 작가의 몸과 뇌로써 준비를 마친 상태가 된다. 즉, 글쓰기 할 수 있는 최적의 상태가 된다. 이 상태에서 떠오르는 내 생각을 글로 옮기게 되면 훨씬 쉽게 글쓰기에 접근할 수 있다. 글로 적으며 객관화한 내 생각을 통해 귀차니즘을 타파할 솔루션의 힌트를 찾을 수 있을지도 모른다.

귀차니즘은 과일 트렌드도 바꿔놓았다고 한다. 2019년까지 가장 많이 팔린 사과를 제치고 이제는 딸기가 대세라고 한다. 전문가 분석에 의

하면 1인 가구의 증가, 편리함을 추구하는 소비 트렌드를 이유로 껍질을 깎아야 하는 사과보다 상대적 먹기 편한 딸기가 대체되었다는 것이다. 그만큼 많은 사람이 영향을 받는 요소이기도 하다.

나야말로 귀차니즘이 생활이었다. 생각했던 일들의 지속성을 이어가는데 가장 발목을 잡았던 것이 귀차니즘 이였다. 하지만 이제는 해결했다. 생각 없이 시작한 필사를 통해 자연스럽게 꾸준히 책 읽는 환경이 조성되었다. 꾸준히 하루 한 꼭지 진행하다 보니 어느새 여섯 번째 책을 필사 중이다. 사실 하루라도 필사를 놓치면 다시 귀차니즘 속에 아무 발전 없던 예전으로 돌아갈까 싶은 두려움에 매일 필사 시간을 이어오고 있다. 그만큼 약 20분씩 투자한 필사는 내 삶의 글쓰기 영역에서뿐만 아니라 모든 영역에 영향을 주었다.

누구에게나 귀차니즘은 있다. 하지만 모든 사람에게 모든 영역에 귀차니즘이 있는 것은 아니다. 생각해 보자. 내가 겪고 있는 귀차니즘이 선택적이지는 않은지, 내가 하고 싶은 것과 하기 싫은 것, 또는 하기 쉬운 것과 어려운 것에 따라 선택적으로 가지는 귀차니즘은 아닌지 말이다. 성공적인 하루 시작을 위해 수많은 멘토는 매우 간단한 방법을 추천한다. 기상 후 즉시 자기 이불 개는 습관을 지니는 것이다. 나 역시 이 글을 읽는 귀차니즘을 끊어내고자 하는 분들에게 강하게 권한다. 하루 중 딱 20분만 투자하여 필사해보아라. 귀차니즘 제어장치 필사로 인해 180도 다른 삶을 맞이할 수 있을 것이다.

우리 필사했어요

2002년. 여러분의 기억 속에는 어떤 추억이 있는가? 두 팔을 번쩍 들고 너도나도 대~한민국 구호를 외치던 사람들. 승부차기의 마지막 골을 넣으며 환하게 웃음 짓던 국가 대표 선수. 매 경기가 끝나면 축제장이 되었던 길거리. 그렇다. 그 당시 적어도 초등학생 이상이었던 우리나라 전 국민은 공통된 추억이 있다. 그렇게 전 국민을 하나로 만들어주었던 2002년. 내게 개인적으로도 상당히 의미심장한 한해였다. 바로 지금의 아내, 그 당시 여자 사람 친구를 알게 되었던 해이기도 하다. 10년간의 친구 사이. 그 이후 2년간의 연애 기간을 거쳐 지금까지 9년간의 부부관계. 이렇게 적고 보니, 자그마치 아내를 알게 되었는지도 21년이 넘어간다. 나이에 비해 꽤 많은 인생의 시간을 함께한 것이 새삼스럽다. 여자 사람 친구에서 연인관계로, 그리고 부부로의 특별한 사이가 되면 달라지는 것이 있다. 바로 둘만의 특별한 기념일이 생긴다는 것이다. 100일, 200일, 1주년 등 연애 기간 공식 기념일들을 다 챙겼던 것 같다. 정말 남들이 다 하는 것처럼 이벤트도 하고, 여행도 다니고 함께 소중한 추억을 남겼다. 결혼 9년 차. 이제는 많이 단순해졌다. 하지만 일 년 중 가장 중요한 날 바로 '결혼기념일'이다. 이처럼 365일 중 개인에게 특별한 날은 기억된다. 그리고 그날을 기념한다.

작년 내게 또 하나의 인생 기념일이 생겼다. 2022년 9월 22일. 바로 내가 작가가 된 날이다. '첫 책 출간일인가?' 하는 생각을 가졌다면 땡! 그렇다면 아직 책 한 권 출판 경험 없는 사람이 '작가'라고? 사실 작가라는 호칭이 여전히 부끄럽고, 어색하긴 하다. 하지만 작가에 대한 개인적 정의를 조금 다르게 내렸다. 작가란 '매일 글을 쓰는 사람'이다. 예식장에서 언제나 등장하는 문구처럼 비가 오나 눈이 오나 무슨 일이 있어도 매일 글을 쓰는 사람. 그 사람이 작가다. 작가가 되고 싶다고 해서 하루아침에 글 쓰는 사람이 될 수 있는 것이 아니다. 마치 좋아하는 사람이 생겼다고 해서 바로 다음 날 결혼할 수 있는 것이 아닌 것처럼 말이다.

내게 아직 익숙지 않은 목표를 성취하기 위해서는 단계별 전략이 필요하다. 작년 나의 인생 기념일로부터 매일 글을 쓰는 사람이 될 수 있었던 핵심 전략이 바로 한 꼭지 필사다. 그렇다면 한 꼭지 필사가 어떻게 글을 쓰는 사람 즉, 작가의 습관을 지닐 수 있게 해주는가?

필사를 시작하며 작가의 일상을 체험할 수 있다. 예전 연예인이 가상으로 결혼하여 겪는 에피소드를 보여주는 리얼버라이어티 프로그램이 있었다. 커플링 만들기, 스티커 사진 찍기, 놀이동산에 놀러가기 등 이미 대중에게 알려진 연예인이지만 흔한 커플들의 일상을 보여주었다. 연애 한번 해보지 못한 시청자들의 연애 세포를 자극하며 간접적으로나마 대리 만족을 했을 것이다. 매일 꾸준한 한 꼭지 필사를 통해 우리는 작가의 일상을 체험하게 된다. 글이란 것은 그 사람의 경험을 밑거름으로 사용한다. 경험이란 것은 보고, 듣고, 만지고, 맛보며 체험한 일상의 모든 것이라 할 수 있다. 필사하며 우리는 마치 작가가 된 듯한 착각을 하게 된다. 매일 글을 쓰고 있기 때문이다. 그것이 익숙해지면 '나라면 어떻게 적었을까?'라는 질문의 해답을 찾기 위해 작가 모드가 되어 일상의 글감을 찾기 시작한다. 이것이 매일 글을 쓰는 일상의 시작이다.

그리고 작가의 글쓰기 구조를 체험할 수 있다. 중학교 때 내가 가장 좋아했던 과목은 영어였다. 여기까지 쓴다면 독자들은 내가 영어를 잘한다고 생각할 것이다. 사실 영어는 학창 시절 내게 가장 극적인 시험 점수를 안겨준 과목이었다. 그 비결은 바로 빡지였다. 사는 지역마다 다르게 불릴 수 있는데, 공책에 빡빡하게 영어단어를 쓰면서 암기하는 것이다. 이 방법을 터득하고는 30점대의 영어점수를 바로 다음 시험에서

90점대로 끌어올릴 수 있었다. 굳이 점수까지 공개하는 이유는 글쓰기 역시 필사를 통해 극적으로 실력을 끌어올릴 수 있기 때문이다. 영어의 기본이 단어 외우기인 것처럼 글쓰기의 기본은 구조를 파악하는 것이다. 흔히 우리가 알고 있는 글의 구조는 서론-본론-결론이다. 혹은 소설처럼 이야기가 있는 글은 발단-전개-절정-위기-결말의 구조가 가장 흔하다. 이렇게 머리로는 잘 알고 있는 글의 구조에 맞춰 쓰려고 하면 너무 어렵게 느껴진다. 책을 눈이 아닌 직접 필사하면서 우리는 구조에 맞춰 글을 작성하는 체험을 하게 된다. 어디까지가 서론이고, 본론이며, 결론인지 생각하면서 직접 필사하다 보면 더욱 쉽게 구조에 맞춰 나의 글을 쓸 수 있다.

　매일의 필사 시간을 통해 작가의 습관을 체험할 수 있다. 앞서 나는 작가란 결국 매일 글을 쓰는 사람이라고 정의했다. 매일 다양한 경험으로 글감 거리를 모아두어도 그것을 글로 써 내려가지 못한다면 그런 경험들은 결국 먼지 쌓여 본연의 색을 잃게 된다. 물론 과거의 경험을 추후 좋은 글감으로 활용할 수 있기는 하지만, 매일의 일상으로 얻은 생각, 감정, 통찰들은 글로 남겨놓지 않으면 번뜩 떠올랐다가 금세 또 번뜩 사라진다. 그래서 많은 예술가는 메모의 습관이 있다. 지금 적어놓지 않으면 그것이 날아가 아무 소용이 없어질 것을 알기 때문이다. 필사는 그렇게 떠오른 생각을 붙잡아 글로 남긴 작가의 글 자취를 따라가는 여행이다. 처음 필사할 때는 그저 따라 쓰기 바쁠 것이다. 하지만 그것이 익숙해지면, 글의 내용이 보이고, 구조가 보이며, 작가의 이 글을 작성한 상황이 보인다. 마치 영화 '동감'에서 무전기 하나로 시간을 초월해 연결되는 것처럼 우리는 책 그리고 필사를 통해 저자와 연결되는 경험을 할 수 있다.

처음 글쓰기를 시작하려면 너무 어렵다. 글을 잘 쓰는 것은 둘째치고, 그냥 내 생각을 글로 남기고 싶어질 뿐인데, 그것조차 너무 힘들게 느껴질 것이다. 좋아하는 사람이 생기면 그저 일단은 친해지길 바라는 순수한 마음뿐인데 그게 잘 안 되는 것처럼 말이다. 그럴 때 해답은 무조건 자주 마주치는 것이다. 나라는 존재를 상대에게 계속 보여줘야 한다. 글을 쓰고 싶은 나의 '마음'과 글을 대하는 나의 '머리'간의 거리는 너무 멀리 떨어져 있다. 그 거리를 좁히기 위해 글과 일단 친해지는 것이 필요하다.

우선은 책을 매일 조금씩이라도 읽는 것에서부터 시작해라. 그리고 글쓰기와 관련된 책을 한 권 선택해 매일 꾸준히 한 꼭지씩 필사해라. A4 2~3장 정도 분량의 필사 시간은 평균적으로 매일 20분이면 가능하다. 이렇게 글에 대한 머리와 마음의 거리를 좁혀가는 시간을 매일 가지다 보면 내 이야기 적는 것 또한 결코 그리 어렵지만은 않을 것이다. 작가의 일상, 글쓰기 구조, 습관을 체험할 수 있는 가장 쉬운 방법. 우리 함께 필사해볼래요?

제3장
남의 글을 쓰니 내 글도 쓴다

김민정

필사를 믿어라

첫 아이 출산 후, 집에 와서 도와주는 분에게 아이 돌보는 방법을 배웠다. 아이를 낳고 3일 만에 퇴원해서 집에 왔는데 아이 아빠랑 어떻게 할지 몰라 도우미 선생님이 올 때까지 아무것도 못 했던 기억이 있다. 도우미 선생님이 와서 아이 씻기는 방법과 아이 돌보는 방법을 설명해 주었다. 처음으로 키우는 아이라 아무것도 몰랐다. 생각해보면 그때 정말 큰 도움을 받았다. 친정 부모님이 멀리 계셔서 막막했는데, 도우미 선생님의 도움으로 마음 편하게 아이를 돌볼고 키워 낼 수 있었던 것 같다. 시작할 때 도움을 받는다면 실패도 줄일 수 있고, 시간도 단축할 수 있다. 첫 아이 목욕시킬 때 배꼽이 떨어지기 전까지 어떻게 씻기는지 계속 보고 익혔다. 그리고 난 뒤 도우미 선생님이 계실 때 실습을 하고, 아이 아빠 있을 때 함께 해보고 나서 혼자 했다. 혼자서 아이를 씻기기 익숙해질 때까지 정말 많은 시간이 걸렸다.

글을 처음 쓸 때 많은 실패를 한다. 쉽게 글이 써지질 않는다. 하고 싶은 마음과는 별개로 흰 종이를 채울 수가 없다. 호기롭게 한 줄 두 줄 쭉 쓰다 보면 주제는 없어지고 나의 넋두리 같은 일기와 반성문이 써진다. 왜냐하면, 글쓰기를 제대로 배운 적도 없고 마음만 있기 때문이다. 그래서 쓰고 싶은데 쓸 수 없다. 한글파일을 열어서 글을 쓰다 지웠다가를 반복하다가 '내일 해야지' 하고 덮어 버릴 때가 많다. 이때 믿을만한 선생님을 만난다면 얼마나 좋을까? 그렇다면 고민하는 이 시간이 조금 줄어들 수 있을 것이다. 무조건 믿고 따를 수 있는 그 무언가가 있다면 쉽게 앞으로 나아갈 수 있다. 나에게는 그 선생님은 필사였다. 책을 따라 쓰다 보니 어느 순간 글이 써졌고 그 글 위에 내 생각도 덧입혀졌다. 그것이 필사의 힘이다.

필사라고 하면 어떤 것이 생각이 나는가? 나에게 첫 필사는 어릴 때 쓰던 반성문의 하나였다. 시험문제를 틀리고 나면 몇 번씩 문제와 답을 썼었다. 그렇게 손으로 힘들게 쓰는 손 운동 즉, 빽빽이만 생각이 난다. 그래서 필사 생각만 하면 고개를 저어됐다. 힘들었던 기억이 있어서 필사 소리만 들어도 기분이 좋지 않다. 그리고 손에 힘이 없어서 그런지 글을 쓰는 것이 어려웠다. 글씨체에 자신이 없어서 필사는 특히 더 싫었던 것 같다. 주변에서 아무리 필사에 대해 좋은 점을 이야기 해주어도 좋은 기억이 없던 나는 '나에게 필사는 없어' 생각하며 필사는 생각도 안 하고 있었다. 도전조차 하지 않았다.

그런데 우연한 계기로 인해 예전에 생각했던 힘든 필사 말고, 정말 도움이 되는 필사를 알게 되었다. '행운 친구'라는 닉네임을 가진 '이경희 작가' 덕분에 타자로 치는 필사를 알게 되고 시작하게 되었다. 하루에 많은 부분을 하지도 않고 A4 2장, 한 챕터 빠르게 치면 하루 20분~30분 정도 걸렸다. 힘은 들었지만, 부담은 없었다. 그래서 시작을 쉽게 할 수 있었다. 필사하고 나면 나는 어느새 작가가 되어있었다. 가슴이 '쿵쾅' 거려서 잠을 잘 수 없었다. 다음 내용을 쓰고 싶고, 어떤 내용으로 써 내려갈지 고민하며 필사를 했었다. 필사하면서 작가가 된 나를 상상하고, 정말 작가가 된 것처럼 글을 썼다. 책을 보고 필사를 했지만, 필사를 통해 나는 작가가 되고 있었다. 남의 책을 그대로 따라 쓴다고 생각하는 것이 아니라 내가 그 작가가 되어 책을 써 내려가는 느낌으로 필사를 했다. 필사가 끝나고 인증도 하고, 거기에 관련된 내 느낌도 적어서 올렸다. 그리고 나면 함께 하는 작가들이 용기와 희망의 글을 적어 주어서 정말 즐겁게 시작했다.

매일 같이 이런 느낌을 느낀다면 좋겠지만 아이들이 아프고 내 일이 바빠지고 그러면 필사를 쉬어 갔다. 작가가 되고 싶다던 소망은 하나의 좋은 추억으로만 간직하고 며칠, 몇 주일 지나갔다. 이때 함께 했던 커뮤니티가 힘이 된다. 혼자 하면 쉬어 가고 내가 하고 싶을 때만 하게 되지만 함께 하면 오늘 하루 쉬고 싶어도 하게 된다. 더 힘을 내게 된다. 쉬었다 하게 되면 쓸 때 굳어버린다. 손도 굳고 머리도 굳고, 하고 싶지 않을 때 하다 보면 '이게 뭐 하는 거지?' '이렇게 손으로 습관적으로만 써도 될까?'라는 현타가 온다. 이때 포기하면 책을 쓰면서 살고 싶은 삶은 점점 머릿속에 가슴속에만 남게 된다.

하루쯤 글을 쓰고 싶지 않을 때라도 필사를 하다 보면 A4 2장이 채워진다. 그리고 다시 글을 쓰고 싶은 열망이 생긴다. 하고 싶지 않다고 하지 않으면 아무 일도 생기지 않는다. 마음속에 짐만 가득하고 찝찝함만 가득하다. 이때 털고 일어나 일단 타자를 두드리는 시작을 해서 책을 쓰면 A4 2장에 글이 쓰여 있고, 성취감도 생긴다. 필사는 그런 것이다. 어렵기 않게 쉽게 글을 쓸 수 있으며 도전할 수 있고 멈췄다가 쉽게 시작할 수 있다. 너무 믿음직스럽지 않은가?

작년 5월부터 시작한 운동이 있다. 그것은 바로 탁구. 아이와 함께 시청한 탁구 관련 예능 프로그램 덕분에 쉽게 시작할 수 있었다. 그리고 탁구장이 사는 곳 바로 앞에 있다. 아이들이 다니고 있는 체육관 밑에 층에 있어서 쉽게 상담을 받고 시작할 수 있었다. 그렇게 시작 한 운동이 생각지도 않게 나의 삶의 활력이 되었고, 지금까지 열심히 배우고 있다. 탁구를 처음 시작할 때 흥미를 가져야 하니깐 레슨 할 때 정말 공을 쉽게 주시고, 무한 칭찬을 해주신다. '내가 탁구에 소질이 있나?' 이런 생각을 할 정도로 레슨 할 때 칭찬을 해주신다. 그리고 초보자는 상대편이 잘 쳐주지 않기 때문에 관장이 많이 쳐주고 도와주셨던 것 같다. 이렇게 처음 시작할 때는 가르쳐 주는 사람을 절대적으로 믿으면서 시작하게 된다.

믿음은 정말 중요하다. 그래야 빨리 실력이 늘 수 있다. 그래야 레슨 받고 실력이 향상되어 상대편과 랠리도 하고 경기도 할 수 있다. 실력이 늘지 않은 상태에서 상대방과 공을 치면 상대방에게 "죄송해요." 이렇게 계속 이야기하며 공을 주우러 뛰어다녀야 한다. 그러면 운동을 제대로 할 수가 없다. 상대도 나도 공을 주우러만 다녀야 하기 때문이다.

처음 시작한 운동도 가르쳐주는 사람을 믿으면서 나의 실력이 늘기 시작한다. 글쓰기를 시작할 때 나의 선생님은 필사라고 생각하자. '대체 내가 왜 남의 책을 쓰고 있지?' 질문하지 말고, 시간 낭비라고 생각하지 말고 착실하게 한 달 정도의 시간을 견뎌보자. 하루아침에 실력이 늘지는 않는다. 레슨 한번 받아서 탁구 치는 실력이 올라가지 않는다. 어느 정도의 시간이 필요한 것이다. 새로운 것을 배울 때 내 것이 되기 위해서는 시간이 필요하고 노력도 필요하다. 글쓰기를 어떻게 할지 어떤 노력을 해야 하는지 감이 잡히지 않을 때 필사를 하게 된다면 생각보다 빠르게 나의 글쓰기 실력이 늘어날 수 있다. 글쓰기 관련 책을 읽고 강의도 여러 가지 들어보았다. 하지만 나의 글쓰기 실력은 좀처럼 나아지지 않았다. 곰곰이 생각해보니 나는 강의를 듣고, 관련된 책을 보고 고개만

끄덕였다. 글쓰기 실력이 향상하려면 반드시 써서 결과를 내야 한다. 필사는 그런 결과를 쉽고 빠르게 낼 수 있다. 특히 글쓰기 초보자에게는 부담이 없다.

　필사를 믿자. 그리고 글쓰기를 시작해 보자. 글쓰기를 처음 시작할 때 필사를 통해 쉽고 빠르게 글쓰기 감을 잡을 수 있다. 어떻게 하지? 고민할 시간에 시작할 수 있다. 처음으로 필사 후 감상문으로 '너무 좋네요.'라고 글을 나는 남겼다. 매일은 아니지만, 필사하고, 나의 감상 글을 적으면서 생각하는 것과 글로 나오는 것이 다름을 깨닫고 있다. 글쓰기는 결과가 반드시 나와야 한다. 머릿속에 있는 것은 글쓰기가 아니고 생각이다. 처음부터 내 생각을 꺼내어 적기란 어색하고 발가벗은 느낌도 든다. 어색하지만 모두 처음에는 이렇게 시작한다고 생각한다. 그 어색함을 조금 덜어주는 것이 필사이다. 쉽게 시작할 수 있으며, 쉬었다가 다시 시작하기에도 필사는 부담이 없다. 필사, 믿고 시작만 할 수 있다면 내 실력은 급성장하여 어느 순간 글을 쓰고 있게 될 것이라 장담한다.

필사가 뭐기에? 힐링된다

세 아이를 키우면서 나 자신에게 투자는 거의 못 했다. 육아만 10년 넘게 했다. 아이가 클 때까지 나를 희생해야 한다고 생각하면서 자신을 다독거렸다. 그 결과 엄마로서는 인정받고 있지만 그것 말고는 모두 무너져 버렸다. 내가 없어진 것이다. 내가 무엇을 좋아하는지, 어떤 것을 잘하는지 기억이 나질 않았다. 그리고 아이들이 어느 정도 크고 나니깐 엄마의 역할은 24시간 매여 있지 않았다. 그래서 공. 허. 함. 이 생겼다고나 할까? 할 일이 필요했다. 내가 잘할 수 있는 일이 무엇이 있을까? 평소 육아서적만 보다가 아이들이 책대로 크지 않음을 깨닫고, 읽는 책을 자기 계발 관련 책으로 바꾸어 보게 되었다. 책의 저자들은 글을 쓰라고 권해주었다. 막연하게 '글을 쓰면서 살면 정말 좋겠다.' 라는 꿈을 꾸게 되었다. 글을 쓰고 싶은데 어떻게 하지? 그냥 생각만 하고 움직이지 않았다. 글 쓰는 사람들을 부러워하면서 시간을 보냈다. 그러다 필사에 관련 모임을 하게 되어 글쓰기를 시작하게 되었다.

　필사하면서 매일 해야 한다는 부담감도 있고, 놓치고 나면 해내지 못했다는 찜찜함도 있었다. 나와의 약속인데 지키지 못할 때 너무 속상했다. 그래도 해내고 나면 성공한 하루를 살아낸 느낌이었다. 필사는 나에게 삶의 활력을 주었으며 자존감도 세워주었다.

　사람마다 스트레스 없이 살 수 없다. 무슨 일을 할 때도 심지어 아무것도 하지 않을 때도 스트레스는 있다고 한다. 크고 작을 뿐이지 모두가 가지고 있다. 이렇듯 스트레스를 받을 때 해결할 수 있는 자신만의 문제 해결 방법들을 가지고 있으면 좋다. 나의 스트레스 해소 방법은 스트레스가 있는 곳에서 멀어지는 것이다. 그리고 무한 반복적인 일을 한다. 청소하거나 운동을 하러 가기도 한다. 몰입해서 집중하면 스트레스도 달아난다.

　글을 쓸 때도 스트레스가 생길 수도 있다. 이럴 때는 내 글을 쓰려고 하지 말고 잠시 떨어져 다른 사람들은 어떻게 글을 썼는지 확인해 보면서 마음을 가다듬을 필요가 있다. 이때 필요한 것이 필사이다. 남의 글을 필사함으로써 글을 쓰는 감각도 익히게 된다. 필사는 그냥 아무 생각 없이 따라 쓰는 노동이 아니다. 이미 스트레스를 받은 작가가 완성 시켜

놓은 작품이다. 그래서 읽고 필사할 때 우리는 큰 스트레스 없이 한편의 글을 완성시킬 수 있는 것이다. 처음 글을 쓴다고 마음먹었을 때부터 글을 쓰다가 막힐 때도 필사를 통해 도움을 받을 수 있다. 그리고 완성하고 나면 나의 자존감도 올라가 있다. 매일 같은 일을 반복하면서 아무것도 안 했던 것이 아니라 글을 써서 나를 세우는 것이다.

글을 쓰다 막혀서 힘들 때 필사를 하면서 마음을 좀 편안하게 가질 수 있다. 글을 잘 쓰기까지 어느 정도 연습이 되어야 한다고 생각한다. 지금 글을 쓰고 있지만 글쓰기는 쉽지 않다. 단어 선택도 어렵고, 문장 구조도 어렵다. 내 생각을 조리 있게 표현하는 것도 힘들다. 육아를 계속하다 보니 쓰고 있는 단어 자체가 어린아이들에게 맞춰져 있다. 그래서 표현이 잘 안 된다. 그럴 때마다 다른 사람들은 어떻게 썼을까? 고민하면서 필사한다. 그러면서 배우고 있다. 자연스럽게 나의 문제들이 해결되어간다. 스트레스 지수가 낮아진다.

글을 쓰면서 사는 것은 나의 꿈이 되었다. 그렇다고 글을 열심히 쓰면서 삶을 사는 것은 아니었다. 그냥 글쓰기를 생각하면 하고 싶다는 생각뿐이었다. 쓰지 않고 마음속에만 품고 '언젠가는 써야지' 하며 숙제 같은 느낌을 가졌다. 글쓰기는 실행하지 않고 마음속으로만 막연히 품고 있던 하고 싶은 일. 딱 그 정도였다. 글을 쓰자고 마음을 먹었다가도 몇 줄 못 쓰고 덮어 버렸다. 하고는 싶지만 어떻게 해야 하는지 감을 잡기가 제일 어려웠다. 글 쓰는 강의도 들어 봤지만, 쉽지 않았다. 특히 꾸준히 혼자 하는 건 정말 지속하기 어려웠다. 그렇다면 계속할 수 있도록 함께 하는 사람들을 만나야 했다. 그래서 책 쓰는 모임을 만났고, 거기서 함께 성장했다. 같은 고민을 하면서 이야기를 나누면서 또한 동기 부여받고 배울 수 있다. 코로나 시대에 사람을 만나지 못해서 병들었던 나의 마음도 책을 쓰는 모임을 통해 도전받고 할 일이 생겼다는 것만으로 활기차게 살아갈 힘이 생겼다. 필사를 시작하면서 여러분의 작가를 만나게 되고, 그 작가들을 통해 또 나를 성장시킨 것이다.

육아만 10년 넘게 하다 보니 어느새 아이들 책만 읽고 내 독서를 멈추고 있는 나를 발견했다. 그래서인지 사용하고 있는 단어가 너무 한정적이었다. 평소 생활하는 데 불편함이 없으니깐 전혀 모르고 있다가 글쓰기를 하면서 나의 문제점들을 발견하게 된 것이다. 첫째와 둘째 8살 정도까지만 책을 읽어 주고 난 뒤 나의 독서 생활도 막을 내렸다. 뒤늦게 막내가 태어나 다시 책을 읽어 주는데 4살 아이라 지금은 의성어, 의태어를 가장 많이 읽고 있다. 나의 말투도 책처럼 그렇게 바뀌어 있어서 어른 책을 읽는데 이해도 잘 안 될 뿐 아니라 글이 너무 많아서 책을 읽는데 너무 힘들었다. 몇 줄 읽지 못하고 엉덩이가 들썩거리고 책을 덮어 버리기 일쑤였다. 이것을 고치기 가장 좋은 방법은 필사가 아닐까 생각한다.

필사하다 보면 내가 쓰는 단어 말고 그 작가가 쓰는 단어를 쓰기 때문에 어휘력 문제가 해결된다. 요즘 문제가 되는 문해력도 해결할 수 있다. 타자로 치기 때문에 소리 내어 읽을 수 있고, 그래서 엉덩이 붙이고 꾸준히 쓰고 읽을 수 있다. 한번 시작하면 A4 2장 정도 쓰기 때문에 책으로는 5페이지 정도 읽을 수 있다. 이것이 쌓이니깐 더 열심히 따로 공부하지 않아도 필사 하나만으로 문장 이해도 빨라진다. 그래서 마음 편하게 글쓰기 할 수 있는 필사를 권하고 싶다. '모방은 창조의 어머니'라고 하지 않았던가? 마음 편히 모방하면서 나의 글쓰기 실력도 올릴 수 있다. 무언가를 시작할 때는 조금 쉽게 시작하는 것이 좋다. 그래야 지치지 않고 쭉 할 수 있기 때문이다. 학교 다닐 때 말고 글쓰기를 해본 적이 없다면 필사를 통해서 책도 읽고, 글도 쓰고 하면 '금상첨화(錦上添花)'이다.

글을 쓰려면 많이 고민해야 한다. 단어도 선택해야 하고, 이 글을 쓰면 다른 사람들이 어떻게 받아들일까 고민도 하게 된다. '내 글이 영향력이 있을까?' '나의 글도 누가 읽어 줄까?' 이런 고민을 하기 시작하면 글쓰기는 진도가 나가지 않을 것이다. 이때도 필사라는 것을 통해 이겨 낼 수 있지 않을까?

필사란 나에게 '힐링' 같은 존재이다. 꿈을 꾸게 해주었고, 그 꿈을 쉽게 다가 갈 수 있게 도와주었다. 필사를 통해 글을 쓸 때 스트레스 완화에도 도움이 될 뿐 아니라 필사를 하다 보면 책 내용도 파악이 잘되어서 한 권의 책을 온전히 내 것으로 가질 수 있다. 필사를 통해 마음의 평화도 얻었다. 글쓰기를 조금은 편하게 시작할 수 있기 때문이다. 또한, 글쓰기를 멈췄다가 다시 시작하기도 쉽다. 글쓰기의 문턱을 낮춰주었다고나 할까? 글쓰기 강의를 듣고 막상 글을 쓰려고 하면 몇 줄 적지 못했는데, 필사하고 난 뒤 글을 쓰면 그래도 잘 써서 내려간다. 시험을 풀다가 어려운 문제를 만나면 정답을 보고 다시 풀어볼 때가 있는데, 필사가 글쓰기의 정답지인 것 같다. 잘 풀리지 않을 때 필사를 통해 쉽게 써 내려갈 수 있는 것이다. 필사하면서 나는 작가가 되었다. 남의 책을 쓰지만, 나의 책을 쓰고 있는 기분으로 살아간다. 필사를 통해 하루하루 글을 쓰면서 나의 삶이 작가의 삶으로 들어선 것이다. 기회가 된다면 필사를 통해 삶의 변화를 체험해 보길 권한다.

남의 글을 쓰니 내 글도 쓴다

즐겁게 시작 한 운동이 있다. '탁구'이다. 정말 우연한 기회에 시작했다. 가족들과 함께 텔레비전 보다가 사람들이 너무 재미있게 탁구 치는 모습을 보고 아이들과 탁구를 함께 배워보면 어떨까? 생각했다. 다행히 집 근처 탁구장이 있어 상담을 받으러 갔다.

탁구장에서 관장님과 상담한 후, 직접 공을 쳐보면서 나는 탁구와 사랑에 빠지기 시작했다. '똑딱똑딱' 탁구공 소리가 너무 좋았고, 탁구를 배우기 시작해보니 생각지 못한 재미가 있었다. 일주일에 2번 레슨, 약 10분~15분씩 정도 가르쳐 주었다. 사람들과 함께 운동하며 어울릴 수 있는 운동이 탁구였다. 매일 탁구 하러 갔다. 나는 첫째 둘째를 3년 터울로 낳고 3년 전에는 셋째를 낳으면서 코로나 상황인지라 외출을 자제하고 집에서만 아이들을 키워 몸이 많이 불었다. 이 시기에 이사도 해서 거의 집에서 아이를 키우기만 했었다. 세 아이와 할 일이 없으니 매일 만들어 먹고 하루하루 보내면서 가족 모두 몸무게가 엄청나게 늘었다. 2년 동안 찌운 살들과 이별하기 위해서 '운동하나 해야지' 생각했었는데, 가정주부이고 신랑 혼자벌이를 하다 보니 나에게 투자하기가 쉽지 않았다. 많이 생각하고 의논하고, 탁구를 배우기로 마음을 먹고 시작했다. 하다가 보니 재미있었다. 그리고 잘하고 싶어서 매일 2시간 이상씩 탁구를 했다. 만나는 사람마다 '탁구'에 대해서 이야기를 했다. 재미가 있고 관심이 있으니깐 계속 탁구 이야기를 했던 것 같다. 사실 탁구는 혼자서는 할 수 없는 운동이라 함께 했으면 하는 마음이 컸다. 그러다 2주쯤 지나고 함께 운동하는 사람이 생겼다. 둘 다 초보라 공을 치는 것보다 공을 주우러 가는 시간이 많았지만 정말 재미있게 운동했다. 함께 운동하는 친구도 '탁구'와 사랑에 빠졌는데, 그 친구는 동영상으로 사람들이 치는 탁구 영상을 많이 봤다. 보고 또 보고 느리게도 보고 빠르게도 보고, 어느 순간 선수의 폼을 그 친구는 가지게 되었다. 함께 성장하고 있지만 둘의 차이는 조금씩 벌어지고 있었다. 그 이유가 무엇일까? 고민하기 시작했다.

그 친구와 나의 차이점은 나는 레슨 받고 사람들이랑 운동하고 나면 끝이었다. 반대로 친구는 집에 가서 탁구 동영상을 찾아봤다고 했다. 사람들 치는 것만 봐도 너무 재미있어서 보고 또 보고 천천히 돌려봤다고 했다. 모방을 한 것이다. 난 그냥 가르쳐 주는 대로 하는 학생이고, 그 친구는 끊임없이 모방하면서 자신의 실력을 키운 것이었다. 여기에 열정의 차이도 있지 않았을까?

글을 쓸 때 혼자 쓰려고 하면 너무 막막하다. 글을 통해 전하고 싶은 메시지가 있을 텐데 잘 전달이 안 될 때가 많다. 그때 다른 사람들은 어떻게 이야기보따리를 풀어 놓았을까? 참고하는 것이 필사가 될 수 있다. 모방하는 것이 나에게 익혀졌을 때 창조하는 힘이 나온다. 나는 글을 쓰면서 온라인 모임에 참석했다. 멘토인 '나 애정 작가'가 운영 중인 〈책성원〉 모임이다. 〈책성원〉은 '책 쓰고 성장하고 원하는 삶 살기'라는 뜻인데 이 모임에서 반복적으로 지속해서 강조하는 부분이 있다. '1일 1꼭지 필사하기.'이다. 나는 열심히 하다가도 때론, '정말 언제 제대로 알게 될까?', '내가 글을 쓸 수 있을까?' 하는 의심했었다. 하지만 꾸준히 필사하니 나 자신을 표현하는 내 글도 쓰게 됐다.

아이들이 태어났을 때 우리는 아이들에게 같은 행동을 반복한다. 아이들은 그것들을 통해 배우고 성장한다. 누워서 잠만 자던 아이는 어느 순간 뒤집기를 하고, 고개에 힘이 없어서 머리를 받쳐 들어 주어야 했던 아이는 목에 힘이 생기면서 혼자 두리번거리기도 한다. 이 시기가 하루아침에 되는 것이 아니다. 깨어 있는 동안, 매일 조금씩이라도 울면서 버둥거리면서 학습한다. 양육자는 아이에게 밥을 먹일 때 "아~" 하면서 시범을 보여준다. 그리고 "냠냠" 이렇게 소리를 내면서 먹는 시늉을 한다. 아이는 그렇게 먹는 것도 배운다. 그냥 크는 법이 없다. 엄마가 열심히 보여주면 아이는 보고 시도하면서 하나씩 배우고 익혀 나가는 것이다.

책을 쓰려고 마음을 먹었다면 남의 글을 따라 써보는 것을 권한다. 글을 쓰고 싶지만 어떻게 쓸지 망설여지고, 하고 싶은 말은 많지만 적을 수 없는 답답함을 가졌다면 필사해야 한다. 필사하는 시간은 그런 답답함을 해결해 나가는 시간이 될 것이다. 나는 책을 읽고 필사하면서 그런 경험을 했다. 책을 필사하다 보면 '그래! 이렇게 써야지.' 하는 스스로 깨닫게 된다. 모방을 통해 나의 글들이 써지고 그 글들이 더 풍성해진다.

필사하다 보면 글의 구조도 눈에 들어온다. 처음에 들여쓰기도 보이고, 어떨 때는 한 줄 띄어쓰기도 눈에 들어온다. 작가의 예시가 눈에 들어오고, 그 예시를 통해 전달하고자 하는 메시지도 알게 된다. 그냥 글쓰기 강의만 들었을 때는 경험 할 수 없는 부분들이다. 글은 직접 써보면서 배우는 것이다.

여전히 글을 쓸 때, 마냥 컴퓨터 앞에 앉아있을 때가 많다. 그렇게 글을 쓰다 보면 그 글은 아무에게도 보여 줄 수 없는 나의 일기가 되어있다. 무슨 말이 하고 싶은 것인지 파악할 수 없었다. 그냥 단순히 독백 같은 글들이 되어있어서 부끄럽기도 하고 속상하기도 했다. 그것을 교정할 수 있도록 해준 것이 필사였다. 필사를 통해 느낀 것은 단락마다 독자에게 전달하고 싶은 이야기가 있다는 것이다. 즉, 작가의 메시지를 확인할 수 있었다. 막연하게 책 쓰기는 나의 작은 꿈이었지만, 필사를 통해 배우면서 그 꿈이 실현되어 가고 있다.

내가 의식하지 않고 매일 하는 것들은 먹고, 자고, 씻고, 운전하고, 요리하고, 설거지하고, 등 여러 가지가 있다. 이중 설거지에 관해서 이야기해 보고 싶다. 설거지는 내가 많이 미루던 일 중의 하나였다. 생각해 보면 꼭 해야 하는 일이지만 하고 싶지 않은 일이었다. 결혼 전에는 집에서 거의 설거지를 해본 적이 없었다. 먹고 그릇을 치우기만 했었다. 그 일이 나의 일이 아니라고 생각했다. 지금 생각해보면 친정엄마에게 매우 미안한 부분이다. 결혼 후 엄마가 되고 나니 그 일이 나의 일이 되었다. 첫째 낳고 키우면서 제일 힘든 부분이 설거지였다. 빨대 컵에 우유를 먹이고 설거지가 늦어져 빨대에 있던 냄새가 안 빠져서 그냥 버리기도 했었다. 하지만, 지금은 바로 설거지를 한다. 한 끼 먹고 나면 그다음에 먹을 그릇이 없기에 설거지는 바로 해야 한다는 것을 알게 되었다. 설거지가 밥을 먹고 해야 할 일이라고 의식하지 못하고 실행하기까지 정말 많은 시간이 걸렸다. 이렇게 습관을 잡기까지 오랜 시간이 걸리지만 재미있게 하면 빠르게 몸에 익힐 수 있다. 하기 싫은 설거지도 재미나게 하니, 그렇게 싫지는 않았다. 어떤 해야 할 일이 정말 재미가 있거나 조금 쉬우면 빠르게 습관으로 가져올 수 있다.

책을 쓰고 싶은 나의 꿈이 필사를 통해 시간을 단축시켰다. 생각만 하던 일이 실행을 하면서 하나씩 이루어지고 있는 것이다. 글을 잘 쓰는 사람을 부러워만 했었는데, 그 사람의 글을 따라 써보면서 나의 실력이 되고, 그것들을 쉽게 배울 수 있었다. 매일 하는 사람을 따라갈 수는 없다. 하고 싶다고 생각만 하는 사람은 정말 생각만 하게 된다. 어떻게든 방법을 찾고 실행할 때 원하는 결과를 얻을 수 있다.

남의 글을 쓰다 보니 어느 순간 내 글을 쓸 줄 알게 되었다. 필사가 시간 낭비라고 생각하지 말고 한번 써보자. 매일 매일 쓰다 보면 이 시간이 기다려진다. 나의 필사 시간은 새벽이나 자기 전이다. 막내를 재우다 잠깐 쪽잠 자고 일어나서 30분 정도 글을 쓰고 생각을 정리하고 다시 잔다. 사실 꾸준히 못 할 때가 많다. 세 아이가 돌아가면서 아프고, 엄마로 살다 보면 나로 살 시간이 부족할 때가 많다. 그럴 때 필사를 하면 쉽게 글쓰기를 할 수 있고, 조금은 나로 살고 있는 모습을 만나게 된다. 정말 쉽게 글을 쓸 수 있어서 좋다. 남의 글이지만 꿈꾸던 삶을 살아가게 되고 지쳐있지만, 가슴속 무언가 뜨거운 감정을 느끼며 살아가게 된다. 남의 글이라고 생각하지 말고 내가 쓴다고 생각하고 써 내려 가보자. 글을 쓰다가 같은 상황 속의 작가를 만나면 위로가 되고 또 도전을 받을 수도 있다. 글을 쓰기 전의 나는 아이를 재우고, 끊임없이 핸드폰 검색만 했다. 인터넷 카페에 가서 참견하고 글을 쓰고, 다른 사람들의 SNS를 보며 댓글도 달고 그렇게 남을 위해 살았다. 이제는 그렇게 하지 않으려고 노력한다. 필사하고 내 생각을 적고 그렇게 하루를 마무리한다. 글을 쓰는 삶이 나를 더욱 움직이게 하고 있다.

욕심내지 말고 쉬운 책으로 필사해라

첫째 아이가 5학년이 되었을 때 아이의 영어 공부로 나는 고민했다. 지금 학교 수업에는 문제가 없었지만, 엄마의 조바심으로 주변의 학원들을 알아보았다. 초등학교 때 이미 중학교 영어가 끝이 난다는 이야기를 듣고 더 안달이 났다. 학원 몇 군데와 상담을 다녀보고 선배 엄마들과 이야기를 하면서 나는 선택해야 했다. 아이와 대화를 통해 회화를 위한 영어를 할지, 교과과정의 영어를 배울지 고민했다. 영어는 한번 시작하면 중학교, 고등학교 때까지 끊임없이 투자해줘야 하는 부분이라 신중하게 선택했다. 학원에 가서 레벨테스트도 받고, 상담도 하고 학원 분위기와 아이가 잘 맞는지도 고려해야 한다. 그렇게 해서 학원을 선택했다. 처음부터 배웠다. 처음부터라 함은 확실하지 않은 파닉스부터 시작했다. 파닉스는 3학년 들어가기 전 겨울방학 때 집에서 함께 했었는데,

부족한 부분이 있어서 그 부분과 학년에 맞게 배우는 부분 이렇게 두 가지를 같이 하기로 했다. 쉬운 거 한 권, 난이도 있는 부분 한 권으로 시작했다. 처음으로 다니는 학원에서 잘 적응해서 영어가 조금은 즐겁고 재미있게 잘 받아들여지기를 기대하고 있다.

세 아이에게 책을 많이 읽어 주었는데, 처음부터 어려운 책을 읽어 주지는 않는다. 처음에는 그림책을 읽어 주고, 사물인지 책을 보여주며, 의성어. 의태어 관련된 이야기를 들려준다. 책 읽기에도 순서가 있었다. 그 나이에 맞는 책이라고 할까? 이것들이 충분히 이뤄지지 않고 크면 다음 단계에서 책을 읽을 때 조금 힘들어하는 부분이 있었다. 각 학년에 맞는 책들을 묶어서 파는 것도 보았다. 1학년 필독서, 2학년 필독서 등. 이렇게 단계가 나뉘어 있음을 보고 느낀 것은 처음부터 어려운 책을 읽는 것은 조금 어려움이 있다는 것이다. 어릴 때 독서가 조금 모자랐으면 지금 나이에 읽는 책보다 조금 낮은 단계를 선택해서 읽어야 읽는 즐거움을 느낄 수 있을 뿐만 아니라 책 읽기가 쉬워진다. 이해도 높일 수 있다.

자기 계발 관련 책을 읽다 보면 글쓰기를 시작하라고 권한다. 나 역시 글을 쓰면서 살고 싶은 소망이 가득하다. 어떻게 하면 글을 쓰면서 행복하게 살 수 있을까? 고민했다. 그러다가 알게 된 것이 필사이다. 항상 마음속에만 가지고 있던 글 쓰는 삶이 필사라는 도구를 통해서 이뤄지고 있다. 필사할 때 행복하다. 글을 쓰는 기쁨도 있고, 쓰다 보면 내 이야기를 쓰게 되겠지 하는 생각도 든다. 그렇게 자기 전에 필사하고 있을 때 지켜보는 남편은 이렇게 이야기를 한다. "그냥 베껴 쓰는 거 아니야?" 그 말속에 많은 이야기들이 생략되어 있음을 알고 있다. '너 지금 뭐 하냐?', '잠이나 자지 왜 그러냐?' '그렇다고 네가 책을 쓸 수 있니?' 등등 분명 그렇게 말하지 않았다고 이야기하겠지만 눈빛과 태도에 이런 것들이 풍긴다. 이럴 때 '정말 시간 낭비하고 있나?' 돌아보게 된다. 아이가 나와 함께 놀아달라는 것도 무시하고 20분 30분씩 시간을 내어 쓰는 것이 나에게 정말 사치일까? 이런 생각도 든다. 이럴 때 자존감도 무너지고 포기하고 싶은 생각도 드는 것이 사실이다. 책 쓰기를 통해서 분명히 나는 성장하고 있다. 말할 때 뜬금없이 하던 말들이 사라지고 서론, 본론, 결론의 형식으로 간단하게 상황들을 설명하고 있으며, 글을 쓸 때도 글쓰기 하기 전과 비교했을 때 정확하게 하고 싶은 이야기들을 전달하고 있다. 필사를 어떻게 하면 더 효과적으로 할 수 있을까 고민해 보았다.

첫째, 목적에 맞는 책을 고르는 것이다. 책 쓰기를 위한 필사의 책은 필사 관련된 책을 골라서 써야 한다. 경제 관련 책을 골라서 쓰면 전혀 목적에 맞지 않기 때문에 글을 쓰면서도 무슨 말인지 감을 잡을 수 없다. 내용이 산으로 간다. 어쩌면 손가락 운동만 열심히 하게 될지도 모른다. 시간 낭비라고 이야기하면서 필사는 나랑 맞지 않아. 이렇게 이야기하게 될 수도 있다. 필사할 때는 목적을 생각하자.

둘째, 너무 두꺼운 책은 피하자. 필사하다가 지치면 안 된다. 가볍게 몸을 풀면서 내 글을 쓰기 전에 워밍업이라고 생각해야 한다. 그래야, 필사로 끝나지 않고 나의 글을 쓸 수 있다. 글쓰기가 처음인 사람들이 필사를 통해서 글 쓰는 감각을 익히는데 처음부터 너무 두꺼운 책을 하게 된다면 시작하다가 지쳐서 포기할 수 있다. 필사를 꾸준히 하는 것이 중요하다. 책 한 권정도 완성하는데 한 달 정도 걸리는 것들을 선택한다면 성취감과 내 몸에 글쓰기 습관을 가질 수 있다.

셋째, 필사할 때 쉽게 하자. 〈책성원〉 모임에서 작가들이 이야기 해 주었다. 출간한 책은 그야말로 작가가 토할 때까지 퇴고한 결과물이다. 이것을 그대로 쓰려고 한다면 정말 스트레스가 생긴다. 문장 부호 하나하나 그대로 옮긴다고 생각하지 말고 초고 쓰는 것처럼 그렇게 쓰고 넘어가는 것도 좋다. 처음 필사할 때 책을 보면서 제일 힘들었던 것은 오타였다. 그냥 넘어가면 되는데, 그것이 잘 안 됐다. 남이 틀린 부분은 왜 이렇게 눈에 잘 들어오던지. 필사하다 보니 지금은 그냥 넘어가는 마음도 생겼다. 그리고 문장 부호 하나하나 생각하기보다 여유를 가지고 넘어가게 되었다. 한 번에 A4 2장 써 내려가는 것이 중요하다. 그래야 내 글을 쓸 때 A4 2장을 쓸 수 있다. 너무 짧게 쓰지 않도록 노력하자. 한번 쓸 때마다 A4 2장씩 강조한다. 그래야 긴 글쓰기가 몸에 자꾸 익는다.

　필사할 때 욕심내지 말고 쉬운 책으로 하자. 쉬운 책이란 무엇인가? 목차를 보면 작가의 메시지가 보이고 1꼭지를 읽고 썼을 때 문장형식이 보인다. 내가 따라 쓰면서 서론-본론-결론이 눈에 들어오는지 확인해 보자. 서론은 어떻게 쓰여 있는가? 본론은? 결론은? 아직 찾을 눈이 없다면 더 많은 필사를 통해서 그것을 찾을 수 있는 눈을 키워보자. 책을 쓰면서 소소하지만, 나의 이야기를 해 보자. 내 이야기가 어느 누군가에게는 위로가 되고 도전이 될 테니깐. 쉬운 책을 만나서 글을 쓰다 보면 나의 이야기가 생각이 난다. 그 이야기로 사례를 만들고 그래서 하고 싶은 이야기를 메시지로 남긴다면 하나의 꼭지 글을 완성 시킬 수 있다. 책은 여러 개의 꼭지 글이 모여서 만들어지고 1꼭지는 여러 개의 문단이 모여서 완성된다. 처음에 어렵다고 포기하지 말고 쪼개서 쓰는 연습을 해보면 어떨까?

　1꼭지 글을 쓰는 연습과 1문단 쓰는 연습을 같이하는 것이다. 5학년 아이가 영어학원에서 두 가지로 영어를 배우는 것처럼 우리의 글쓰기도 2가지를 같이 연습하는 것이다. 짧은 한 문단과 긴 한 꼭지 글을 매일 연습한다면 우리도 즐겁게 글 쓰며 사는 삶을 살 수 있을 것이다. 처음에 시작하기 힘들어도 이것들이 자연스럽게 습관으로 장착되면 누가 시키지 않아도 글을 쓰면서 살 수 있다. 처음에 어떻게 시작하는 지가 중요하다. 처음은 어렵지만, 이것들이 자연스럽게 나의 삶에 적용된다면 변화된 삶을 살아낼 것이다.

처음 시작하는 것은 항상 두렵다. 용기가 나질 않는다. 그렇지만 용기내어 시작해본다면 생각보다 할 만하다고 느낄 것이다. 그냥 막연하게 가지고만 있던 꿈은 이제 떠나보내자. 시작하면 그 꿈은 현실이 되어있다. 내 글이 너무 쉽고, 다른 사람들이 어떻게 생각할지 고민하지 말자. 쉽게 시작해야 꾸준히 할 수 있는 것이다. 처음부터 너무 욕심 부리지 말자. '첫술에 배부르랴'라는 말이 있지 않은가? 처음은 누구에게나 어렵다. 잘하고 싶은 마음도 크다. 제일 중요한 것은 꾸준함이다. 포기하지 않고 매일 하려면 이 일이 즐거워야 한다. 그리고 쉬워야 한다. 덤벼볼 만하다고 느껴져야 한다. 쉬운 책으로 필사하면서 나의 꿈들을 이루어 나가보자.

글쓰기에도 공식이 있다

　취업을 준비하면서 운동을 잠시 쉬게 되었다. 운동할 수 있는 시간에 문을 열지 않고 함께 운동할 사람이 없었기 때문이다. 탁구는 둘이서 하는 운동이라 혼자 가면 할 수 있는 운동이 서브 연습 정도 밖에 없었다. 처음에 등록한 탁구장은 기계도 없었다. 그래서 사정을 이야기하고 쉬게 되었다. 취업하고 오후 3시쯤 운동 할 수 있는 곳을 찾다가 다른 탁구장에 등록했다. 레슨 하는 방식이 너무나 달랐다. 살짝 비교하자면 처음 갔던 곳은 가만히 서서 자세를 잡아서 포핸드만 잡아 주는 곳이라면 새로 옮긴 곳은 온몸으로 탁구를 칠 수 있게 가르쳐 주는 곳이었다. 두 번째 탁구장이 나와 잘 맞았다. 새로운 기술들도 많이 가르쳐 주고 탁구 할 수 있게 기본기를 알려주었다. 체력이 너무 없고, 발도 느려서 탁구 칠 때 서서 치는 것을 보시고 모래주머니도 차라고 권해주었다. 시작

전에 잔발 하는 것도 알려주었다. 레슨도 그냥 하는 것이 아니고 연결될 수 있게 몇 달에 걸쳐 알려주었다. 꾸준히 하다 보니 어느새 포핸드로 정확하게 공이 가는 횟수가 늘고, 커트 치고 드라이브 걸고, 이런 것들을 알게 되었다. 처음에는 늘지 않아서 너무 힘들었다. 조금만 레슨 받아도 숨이 차고, 공은 하늘로 가기 일쑤고, 헛스윙도 많이 했었다. 그러다 4개월쯤 지나고 나니 몸에 익어서 탁구 실력이 확 올라섰다. 꾸준히 올라간 것이 아니라 그냥 점프해 버렸다. 탁구에 대해 여러 가지 공식들을 배우고 있다. 코치는 레슨 하면서 "이게 다 공식이에요."라는 말을 자주 하는데, 공을 치다 보니 무슨 말인지 지금은 깨닫고 있다.

내가 생각하는 글쓰기 공식은 여러 가지가 있다. 그중 제일 중요하다고 생각하는 것은 '꾸준함'이다. 글은 매일 써야 는다. 처음은 누구에게나 있다. 그리고 그것을 하는데 어렵다. 막막하고 답답하다. 미루고 싶고 언젠가 해야지 하고 마음속에 넣어 두고 산다. 사실 글 쓰면서 살아가고 싶지만 우리는 자꾸만 미룬다. 그 이유가 글을 쓰지 않는다고 해서 큰일이 일어나지는 않기에 바쁜 생활을 하는 사람들은 "잠시만" 하고 다른 일들을 먼저 해버린다. 글쓰기가 우선순위에서 밀리는 것이다. 하고 싶다는 생각이 들면 바로 실행하고, 그 실행이 지속되도록 장치를 해야 한다. 매일 할 수 있도록 인증을 한다거나, 누군가가 나를 지켜볼 수 있도록 이야기를 한다. 매일 한다는 것은 쉽지 않은 일이다. 기간을 짧게 잡고 성공하는 연습도 필요하다. 1년 동안 필사해야지. 이렇게 하는 것은 '나는 하다가 안 하겠습니다.' 이렇게 이야기하는 것과 같다. 처음에 필사할 때 기간을 정해놓지 않고 하니깐 하다가 멈추고 주말은 쉬고 지속되지 않았다. 목차를 보고 날짜를 정해서 매일 하겠다는 의지가 중요하다. 혼자 생각하고 실행하면 하기 싫을 때가 온다. 이때 도움을 받을 수 있는 것은 함께 하는 사람들이다. 힘들 때 함께 응원하면서 완주할 수 있도록 해야 한다. 앞에서 끌어 주는 사람이 있다면 그런 사람을 만나서 같이 할 수 있다면 필사하고 글쓰기 하는데 습관을 잡을 수 있다.

꾸준히 글을 쓴다는 것은 쉽지 않다. 하지만, 꾸준함을 가능하게 하는 것이 바로 필사이다. 필사하면 글쓰기가 힘들 때 멈추지 않고 지속적으로 할 수 있다. 필사하면서 남의 글도 읽고, 써내려 가면서 그 글을 파악하는 데 도움도 받을 수 있다. 한번 글을 읽는다고 해서 그것이 전부 내 것으로 가질 수 없다. 최소 서너 번은 읽어야 그 책에서 하고 싶은 이야기를 발견할 수 있는데, 필사는 한 번에 두 가지를 할 수 있기에 조금은 빠르게 글을 파악할 수 있다.

무슨 일을 하든지 뚜렷한 목표가 있으면 성취감도 크다. 그리고 일이 진행이 빨리빨리 된다. 직장을 찾을 때 무엇을 해야 할까? 고민을 많이 했다. 공부도 적당히 했고 자격증도 많이 따놨고, 하고 싶은 일 또한 많았다. 사실 취업만 되면 잘할 수 있겠다는 자신감도 가지고 있었다. 그런데, 취업을 하려면 꼭 해야 할 일이 있었다. 바로 나를 알리는 작업이다. 그것을 시도하기가 쉽지 않았다. 오랜만에 이력서도 적고 자기소개서도 적고 준비하는 과정이 어색하기도 했고, 두렵기도 했다. 어떻게 적어야 할지 감도 떨어졌다. 무엇을 해야 할지 정하지 않아서 더 힘들었던 것 같다. 이것도 할 수 있고, 저것도 할 수 있고 그런 마음은 취업하는데 전혀 도움이 되질 않았다. 어느 분야를 할지 정하고 거기에 맞춰서 준비하는 것이 훨씬 빠르게 진행되었다. 나에게 제일 우선순위는 일하는 시간이었다. 길게 일하면 부담감이 컸다. 두 명의 초등학생은 4시 전에 집에 온다. 특히 4살 막내가 아프기라도 한다면 여러 사람에게 피해를 주는 위험 부담이 있기에 감당할 수 있는 시간이 4시간 정도라고 생각했다. 그것을 정하고 나니 이력서를 적는데 훨씬 도움이 되었다. 범위가 좁아지니깐 집중해서 할 수 있게 된 것이다. 많은 선택지가 행복하게 만들어주는 것은 아닌 것 같다.

목표를 정해서 글을 쓰면 쓰기가 훨씬 쉽다. 막연하게 '글을 써야지.'라고 생각한다면 글이 잘 써질 것 같지만 의외로 써 내려가기가 힘이 든다. 무슨 말을 써야 할지 감을 잡지 못한다. 책의 제목을 정하고 목차를 정해서 매일 한 꼭지 쓰는 연습을 해야 한다. 목차가 있어야 거기에 맞게 사례들을 가져올 수 있다. 목차는 내가 하고 싶은 메시지이다. 이 메시지가 정해지지 않았는데 사례를 가지고 오는 것은 정말 어리석은 일이다. 그렇기에 글을 쓰기 전에 목차를 정하는 것이 글을 쓰는데, 도움이 된다고 생각한다. 이것을 알고 있어도 처음에 시작하기가 쉽지 않을 것이다. 이때도 필사를 통해서 도움을 받을 수 있다. 필사는 글쓰기를 매일 할 수 있다는 자신감을 허락한다. 남의 글이지만 매일 앉아서 쓰고 있다는 생각이 나를 작가로 만들어준다. 이 시간만큼은 포기하지 말고 지속하면 한다.

글을 쓸 때 나의 이야기를 하면 좋겠다. 그러면 같은 글이지만 다르게 느껴질 수 있다고 생각한다. 같은 일을 겪어도 사람마다 느끼는 점이 다르다. 그 다른 이야기를 한다면 그 글은 읽을 만한 가치가 있다고 생각한다. 정답이 없는 일인데 자꾸 정답을 찾으려고 하니깐 글을 쓰지 못하는 것이다. 지금 나 역시 그렇다. 글을 쓰면서 '이 글을 누가 볼까? 보면서 뭐라고 할까?'그런 생각들이 글을 쓰지 못하게 막고 있다. '좀 서툴면 어떠한가?' 이런 생각이 든다. 우리가 먹는 음식이 매일 외식할 때처럼 풍성한 요리만을 먹는 것은 아니다. 때로는 흰밥에 김, 김치, 달걀 후라이로 간단히 먹을 때도 있다. 나의 글이 그냥 누구나 쓸 수 있는 글인 것처럼, 또 이 글이 누군가에게 도전 계기가 되었으면 좋겠다.

글쓰기에도 공식이 있었다. 그 공식을 배우고 익혀 머리에만 간직하지 말고 내 글에 적용해서 직접 해봐야 한다. 우리가 공부 잘하는 방법을 알고 있을지라도 직접 그 방법대로 공부를 하지 않으면 그것은 내 것이 되질 않는다. 또한, 한 번의 시도로 모든 것을 할 수 없다. 꾸준히 해야 한다. 모두가 내가 무엇을 하는지 알도록 계속해야 한다. 분명한 목표를 가지고 지속해서 글쓰기를 한다면 우리는 글을 쓰면서 살아가는 사람들이 되어있을 것이다. 처음부터 잘할 수는 없다. 두려워하지 말고 일단 시작하자. 그리고 어렵게 시작한 글쓰기가 중간에 멈추지 않게 여러 가지 장치들을 마련해놓자. 필사는 글을 쓰려는 간절한 사람들에게 최고의 방법이다. 필사하는 동안, 글쓰기의 다양한 공식을 깨닫게 된다. 글 쓰는 사람들과 어울려 작가의 삶을 살아보는 것 또한 가슴 뛰는 일이라고 생각한다. 글 쓰는 것이 어색해서 아직도 망설이고만 있다면 필사를 통해 글쓰기 공식을 몸에 익히고 어색함을 날려 버리길 바란다.

숙제 같은 필사가 내 삶을 바꾼다

'육아만 하는 삶에서 벗어나야겠다.'라고 마음을 먹고 취업을 준비하기 시작했다. '국민취업 지원제도'를 알게 되었고, 고용노동부에 가서 신청했다. 내일 배움 카드도 신청했다. 오랫동안 경력단절 여성으로 살아서인지 이력서 쓰는 것도, 컴퓨터를 다루는 것도 새롭고 어려웠다. 분명 자격증도 있고 사용할 수 있는 프로그램이지만 모두 것이 새로웠다. 한글, 엑셀, 파워포인트로 문서작성 하는 것이 모두 새로운 도전이었다. 바로 취업하고 싶었지만 내가 할 수 있다고 생각하는 것과 할 수 있는 것은 준비할수록 다르다는 것을 느꼈다. 두려움도 생겼다. 그래서 상담을 통해 취업할 직종을 선택하고 거기에 맞는 자격증 공부를 먼저 하기로 결정했다. OA(사무자동화)자격증 반에 들어가서 한글 문서와 엑셀, 파워포인트를 차례대로 배워나갔다. 매일 출근을 해서 출근 도장을 찍었다. 어딘가에 매일 가서 내가 왔음을 알리는 행위가 생각보다 좋았다. 수업하면서 배운 내용은 반드시 다시 작성한다. 즉, 숙제인 것이다. 예를 들어 OA의 한글 부분에 대해 수업이 끝나고 나면 기출문제를 가져와서 시간 내에 푸는 연습을 하는 것이다. 하다가 부족한 부분이 있으면 집으로 가져와서 연습해야 그다음 진도를 따라갈 수 있다. 두 달 동안 열심히 했고 '우수상'도 받았다. 함께 수업했던 사람 중에도 숙제를 열심히 했던 사람들은 진도를 어려움 없이 잘 따라갔으며 자격증도 취득했다.

숙제를 착실하게 하는 사람들은 그 기술들을 내 것으로 만들고 싶은 사람들이다. 선생님이 해준 수업을 내가 해봄으로써 익히고 자유자재로 사용함으로써 문서 작성능력이 높아지는 것이다. 사무직에서 일한다고 생각했을 때 필요한 것들만 배우기 때문에 안 하고 넘어갈 수는 없다. 그래서 열심히 할 수밖에 없다고 생각한다. 숙제가 나의 실력을 키운 것이다. 글쓰기를 할 때 나의 실력을 키울 수 있는 방법 중 하나가 필사이다. 필사는 글쓰기를 할 때 꾸준함도 선물해 준다. 숙제처럼 꾸준히 하다 보면 글쓰기 실력을 덤으로 얻게 된다.

학교 다닐 때는 숙제가 정말 싫었다. 공부의 목적이 없어서였던 것 같다. 그 당시, 어른들이 하라고 하는 건 다 싫었다. 그런 숙제가 이제는 필요에 의해 스스로 숙제를 만들어 내곤 한다. 10년 만에 영어 공부를 다시 시작하면서 누가 시키지 않아도 오늘의 분량을 정하고 거기에 맞춰 공부하고 인증까지 한다. 숙제는 자고로 확인해 주는 사람이 있어야 할 맛이 난다. 운이 좋게 나는 SNS에서 마음이 맞는 친구를 얻었다. 그녀와 함께 서로의 필요를 인증해주는 관계로 지낸다. 여전히 어른이 되어도 숙제는 최대한 미루다가 한다. 검사해주는 사람이 없다면 벌써 포기하고 안 하고 그냥 편하게 살았을지도 모른다. 무엇인가 새롭게 시작할 때는 도와주어야 한다. 한 커뮤니티에서 '필사, 그리고 글쓰기' 함께 하자고 올라왔다. 글쓰기는 나의 꿈이었기에 망설이지 않고 함께 하기로 했다. 매일 필사를 했다. 글을 매일 쓰는 것처럼 느껴져서 좋았고, 하지만 몸이 조금 피곤할 때는 필사 조차하기 싫어서 힘이 들 때가 있었다. 함께 하는 사람들이 응원해주어서 포기하지 않고 필사를 놓지 않고 하고 있다. 필사가 숙제처럼 미루고 하고 싶지 싫을 때도 있다. 나는 알고 있다. 시작하기 전이 제일 힘이 든다는 것을. 시작하고 나면 하고자 마음먹은 부분을 어렵지 않게 마칠 수 있다. 뭐든 시작하기 싫은 일들이 그렇다. 꼭 해야 하지만 시작하기 싫어서 미루고 미루다가 한다. 그러고 나서 다 하고 난 나를 마주 보면 정말 뿌듯하다.

숙제 검사할 때 숙제를 다 한 사람은 뿌듯한 것처럼 나의 필사도 매일 한 꼭지씩 필사하고 정말 기분이 좋다. 필사를 통해 위로도 받고 여러 가지 관점에서 생각도 하게 된다. 글을 쓰면서 좋은 점은 생각한다는 것이다. 내가 하고 싶은 이야기가 무엇인지 고민하고 거기에 맞게 예시도 찾아서 이야기하는 습관이 생겼다. 나는 말을 많이 하는 사람이 아닌데 글을 쓰다 보면 수다쟁이가 되어서 이야기를 하고 있다. 누군가 나의 이야기를 들어준다고 생각하면서 글을 적어 내려간다. 필사도 숙제라고 생각하고 꾸준히 하다 보면 나의 글쓰기 실력도 향상된다. 혼자서 잘 못하는 사람은 할 수밖에 없도록 무언가를 만들어야 한다. 그래서 꼭 할 수 있도록 해야 한다. 매일 해야 하는 분량을 정하고, 그것을 검사하는 사람을 만드는 것이다. 사람은 혼자 정한 것은 미루기가 쉽지만 다른 사람과 약속한 것은 지키도록 노력한다. 이것을 이용하는 것이다. 함께 필사하는 팀을 만들어 서로 글을 확인해 주고 응원도 해준다면 필사하는 기간이 길어지게 되고, 이것이 습관으로 형성된다면 평생 글을 쓰면서 사는 것도 가능할 것이다.

숙제는 양도 중요하다. 너무 많아도 안 되고, 적어도 안 된다. 적정량을 해야 실력도 늘고 끝까지 할 수 있다. 살짝 힘겨울 정도라고 생각한다. 그 분량의 필사는 A4 2장정도, 목차 중 하나 즉, 소제목 하나를 하는 것을 권하고 싶다. 20분 정도 걸리는데, 그 시간 동안 집중해서 필사하면서 한 번에 한 꼭지 쓰는 훈련을 하는 것이다. 훈련은 나를 단련할 때 한다. 실력을 올리고 싶을 때 하는 것이다. 최근에 탁구장 관장이 모래주머니를 사 왔다. 탁구 하는데 다리가 움직이지 않음을 보고 다리에 차라고 권했다. 이 모래주머니를 보고 얼마나 어이가 없었던지. 나이 마흔에 이걸 하고 뛰면서 탁구 한다는 것이 어색하기도 하고 같이 운동하는 사람들 앞에 민망하기도 했다. 탁구는 힘들어서 5분 이상 운동하기 어려웠는데, 어느 순간 나의 몸은 레슨 시간 15분을 거뜬히 채웠다. 모래주머니가 알게 모르게 나를 단련 시켜준 것이다. 처음에 모래주머니를 봤을 때 헛웃음이 나왔지만, 이제는 안다. 이것을 차고 훈련하고 난 다음 나의 체력은 더 좋아질 것이고, 나의 다리는 더 움직이기 편해진다는 것을. 그러나 하려고 하면 한숨부터 나온다. 그것은 힘이 들기 때문이다. 글쓰기도 그렇다. 쓰면 좋은 것을 알고 있지만 시작하기까지 쉽지 않다. 그래서 양이 중요한 것이다. 살짝 하기 싫을 정도의 분량. 그것은 바로 1꼭지 글의 분량이었다.

숙제 같은 필사가 내 삶을 바꿨다. 글쓰기 하는데 두려움이 사라졌으며 한번 쓸 때 A4 용지 2장씩 쓰다 보니 앉아서 쓰는 것이 익숙해졌다. 이 기간이 2달 조금 걸렸다. 하루 20분 이상, 꾸준히 한 달 이상은 해야 '내가 필사를 하고 있구나.' 인식하게 되고, '글을 쓰고 있는 사람이구나.' 인정하게 된다. 잠자고 있던 필사를 통해 나의 꿈을 이루고 있다. 지금 하는 이 일들이 너무 소중하다. 필사하기 위해서는 시간을 내야 한다. 아이들을 키우면서 시간을 내기가 쉽지 않다. 주로 나는 밤 시간을 활용한다. 새벽에는 책을 읽고 있고, 아이 재우다 잠깐 졸고 일어나서 한 시간 정도 필사를 하고 한 단락 정도 내 생각을 적는다. 그냥 푹 잘 수도 있지만, 이 시간이 소중해서 잠을 줄여가면서 하고 있다. 자투리 시간에 인터넷 검색하고 그냥 게임을 하고 지냈었는데 지금은 남는 시간에 책도 읽고, 어떻게 하면 글을 예쁘게 쓸 수 있을까 고민하게 된다. 육아할 때 내가 사라져서 우울한 감이 있었다. 아이들이 예쁘지만, 엄마의 삶만 있고 내 삶이 없는 그 시간은 자꾸만 나를 초라하게 만든다. 별거 아니지만, 글을 쓰면서 내가 나로 살아갈 수 있는 지름길이 아닐까 생각한다. 필사하나가 새롭게 나를 살린 셈이다. 어렵지 않게 자존감 회복도 될 수 있고 쓸데없이 시간을 버리지 않을 수 있다. 필사는 그렇게 삶을 바꾸어 놓았다. 필사를 통해 작가의 삶도 꿈을 꾸고 있다. 필사하면서 나는 취업에도 성공했다고 생각한다. 글을 쓰면서 이력서도 자기소개서도 자신감 있게 써냈고 면접에서 그 자신감이 보였다고 생각한다. 그리고 일을 하면서 느끼는 것은 집에만 있을 때보다 매우 즐겁다. 몸은 피곤하지만 스스로 당당할 수 있으며 아이들도 내 생각보다 잘 버텨주고 있음을 보고 있다. 아이들 때문이라고 핑계 대지 말고 뭐든 시작했으면 한다. 그중 작은 시작이 필사이다. 숙제처럼 묵묵히 필사하다 보면 그동안 잊고 산 내 삶을 찾을 수 있음을 강조한다.

제4장
나를 다시 꿈꾸게 하는 100일 필사

천성아

나를 다시 꿈꾸게 하는 100일 필사

큰아이가 7살이 될 때까지 우리 가족은 모두 한방에서 함께 잠을 잤다. 아이는 잠들기 전까지 오늘 무슨 놀이를 했는지 혹은 무슨 일이 있었는지 시시콜콜 떠들다 잠이 들었다. 아이가 5살쯤 되던 어느 날이었다. 자려고 누워있던 나에게 "엄마! 엄마는 나중에 커서 뭐가 되고 싶어?"라고 물었다. "엄마는 커서 '지우 엄마'가 됐지."라고 얼렁뚱땅 답을 했는데, 그날따라 왈칵 눈물이 났다. 이미 다 커버린 30대 중반에 경력단절 육아 맘이 무슨 꿈이 있을까? 나는 꿈이 없었다. 하루하루 아이를 입히고, 먹이고, 등원시키고, 하원 시키고, 씻기고, 재우는 똑같은 하루를 반복하는 일상이었다.

그래서였을까? 아이의 질문이 너무 슬펐다. 어릴 때, 내 꿈 중에는 좋은 사람과 결혼해서 예쁜 아이를 낳고, 멋진 가정을 꾸리는 꿈도 있었다. 하지만, 그것이 내 모든 꿈을 포기하고 '엄마'가 되겠다는 것은 아니었다. 나는 당연히 아이를 키우면서도 멋지게 내 할 일도 할 수 있다고 생각했다. 서른이 훌쩍 넘은 나이에 굳이 장래희망을 꼽는다면 일도 육아도 모두 해내는 슈퍼우먼이 되고 싶었다. TV를 보면 '짠! 아이 낳고 3개월 만에 돌아왔어요.'라며 아이를 낳은 티도 나타나는 연예인들도 보이던데, 나의 현실은 그렇지 못했다. 나는 야심차게 출산 후 3개월 만에 회사에 복직했지만, 일주일 만에 퇴사를 결심했다. 그리고는 다시 3개월 만에 육아휴직을 내고 회사로 돌아가지 못했다.

가까이 살았던 시부모님이 아이를 봐주시기는 했지만, 백일이 된 아이를 두고 회사에 나가 출산 전처럼 야근하는 것은 쉬운 일이 아니었다. 어린 시절 내 꿈은 '엄마'가 아니었지만, 나는 커서 '엄마'가 됐다. 아나운서, 기자, 연예인, 발레리나… 어린 시절부터 나는 하고 싶은 것이 참 많았다. 무엇이든 재미있어 보이는 일은 다 해보고 싶었다. 하지만, 결혼과 출산 외에는 달라진 것이 아무것도 없는 상황에서 내 생활은 무기력해졌다. 아이가 아침에 어린이집에 가면, 아이가 오기 전까지 소파에 앉아 멍하니 TV를 보거나 비슷한 처지의 엄마들과 어울리며 의미 없는 시간을 보냈다. 그러던 중 아이의 질문은 나에게 큰 자극이 됐다. 언젠가 '아이가 같은 질문을 한다면 당당하게 말해줄 수 있는 꿈을 만들어야겠다.'라는 생각을 했다. 시간이 지나고 나서 생각해보니 경력단절을 극복할 방법은 참 많았다. 하지만, 당시에는 내 처지를 비관하기에 바빴던 것 같다.

나는 과거 방송국, 언론사, 홍보대행사 등에서 일을 했었다. 직장을 다시 나갈 수는 없지만, 집에서도 할 수 있는 일을 생각하다가 직장에 다니며 운영하다 방치된 '블로그'가 생각났다. 나는 내 경력을 살려 '글쓰기'를 해보기로 마음을 먹었다. 꼭 경력이 아니더라도 싸이월드, 카카오스토리, 블로그 같은 SNS는 내가 참 좋아하는 일이었다. 나를 나타내는 일을 해볼 생각에 한 창 들떠있었다.

내가 글쓰기를 결심하고 가장 먼저 한 일은 방을 치우는 일이었다. 집중해서 글을 쓰기 위해서는 나만의 공간이 필요했다. 나는 아이들의 놀이방으로 쓰던 작은방에 책상과 컴퓨터를 넣고, 나만의 아지트를 꾸미기 시작했다. 그리고 그 방에서 글을 쓰며 다시 꿈을 꾸겠다고 다짐했다. 아이들을 어린이집에 보내고, 책을 읽고 책 리뷰를 하는 콘텐츠로 블로그 글을 쓰기 시작했다. 집에는 직장에 다니면서 구매했던 책들이 참 많았다. 책을 읽는 것을 별로 좋아하지 않던 나에게 회사는 한 달에 한 권씩 책을 지원했다. 당시에는 읽지 않아 숙제처럼 밀려있던 책들이 콘텐츠에 큰 도움이 됐다. 가진 책이 떨어져 갈 즈음부터는 출판사 서평 단에 도전하기 시작했다. 아이 엄마에게 책을 사서 보는 비용도 참 부담이 되었는데, 그때마다 감사하게도 서평 단에 당첨이 되어 출판사에서 책을 받아서 리뷰를 이어갈 수 있었다. 그렇게 블로그에 글이 하나둘씩 쌓이고 이웃들이 댓글을 달아주니 다시 인정받는 기분이 들었다.

사실, '5년이나 쉬었는데, 내가 어떻게 다시 글을 쓰겠어?'라는 마음에 컸지만, 책에 있는 좋은 말들을 되새기며 자신감도 되찾을 수 있었다. 책을 읽다 보면, 서평을 하고 싶어지고, 서평을 하다 보면 내 책이 쓰고 싶어진다는 말이 있다. 정말 그랬다. 이제는 책을 읽고 후기를 남기는 것이 아닌 내 이름이 들어간 내 책을 써보고 싶다는 생각을 했다.

내 글을 쓰기로 마음먹고 나서는 큰 벽에 부딪혔다. 블로그 글이야 그냥 내 생각대로 쓰고 수정하기가 가능하다지만, 책 쓰기는 참 낯선 작업이었다. '프로'와 '아마추어'의 차이는 돈을 받고 하는 일과 돈을 받지 않고 하는 일로 구분이 된다고 한다. 내가 돈을 받고 야구를 하면 프로야구, 돈을 받지 않고 취미로 야구를 하면 '아마추어 야구'인 것이다. 프로와 아마추어가 실력을 말하는 것은 아니지만, 책 쓰기는 프로의 영역이었다.

나 역시 10년간 돈을 받고 글을 써왔으니 따지면 '프로'여야 했지만, 글쓰기와 책 쓰기는 완전히 달랐다. A4 1장짜리 보도 자료에 익숙해져 있던 나는 A4 2장 분량의 책 쓰기를 할 수가 없었다. 그래서 책 쓰기 '프로'인 기성작가의 도움이 필요했다. 그렇게 나는 책 쓰기를 결심하고, 나애정 작가의 도움을 받아 나애정 작가 책으로 필사를 시작했다. '남의 책 베껴 쓰기가 무슨 도움이 되겠어?'라는 생각에 우습게 봤던 필사였다. 하지만, 하루 이틀 필사가 쌓여가면서 어떤 주제로도 글을 쓸 수 있을 것 같다는 자신감을 찾을 수 있었다. 꿈꾸는 필사를 하기 위해서는 초보 작가가 쓴 첫 책을 필사하는 것이 가장 좋다. 아마추어 작가를 프로로 만들어 준 첫 책 말이다.

나처럼 처음을 겪는 작가의 책을 베껴서 필사하다 보면 책 쓰기 어렵다며 징징거리던 나는 온데간데없어진다. 심지어 '이 정도는 나도 쓸 수 있겠는데?'라는 자신감 마저 든다. 바로 그것이 시작이다. 책 쓰기를 하고 싶지만, 자신감이 없어 책 쓰기를 포기했다면 필사부터 시작하자. 먼저, 한 권의 책을 필사하고 나면 마치 '이 책이 내가 쓴 책이 아닐까?'라는 생각에 마치 내가 그 책을 쓴 작가라는 착각마저 든다. 그리고는 '이렇게 A4 2장을 쓰고 나면 한 챕터가 완성되는구나.'라는 깨달음도 얻게 된다. 그렇게 기성작가들의 글에 내 생각이 가미되면서 그보다 더 좋은 글을 쓸 수 있게 된다.

꾸준히 필사를 하면서 그렇게 어렵게 느껴지던 글쓰기가 편해지기 시작했고, 그렇게 나는 작가가 될 수 있다는 꿈을 꾸기 시작했다. 나는 아침 일찍 필사로 하루를 시작하면서 '나도 작가가 될 수 있다.'라는 꿈을 구체화하고 있다. 비록 기성작가의 책을 베껴 쓰는 수준이지만, 필사하면서 언젠가 내 책을 쓰는 작가가 되는 상상을 했다. 출판사의 출간 계약서에 도장을 찍고, 책이 출간되어 서점에 '짠'하고 나오는 행복한 상상… 필사를 하는 100일간 출간된 내 책을 누군가에게 선물하고, 사인하는 행복한 상상으로 나는 매일 꿈을 꿀 수 있었다.

꿈이 없는 엄마로 살던 시절 나는 아무것도 하지 않는 나를 견디는 것이 참 어려웠다. 늘 무기력하게 누워서 잠만 자는 엄마를 보여주고 싶지는 않았다. 딸들이 닮고 싶어 하는 엄마가 되고 싶었다. 내가 두려운 것은 실패가 아니라 하고 싶은 것이 없는 삶이었다. 아무런 꿈이 없는 삶을 살아야 하는 것이 도전하고 실패하는 것보다 더 두려운 삶이다. 시도하고, 실패하고, 수정하고, 포기하고, 다시 도전하듯 그렇게 꾸준히 필사를 시도하고, 포기하고, 다시 도전하기를 반복하다 보면 어느새 내 글을 쓰고 있는 자신을 발견할 수 있을 것이다.

내 딸은 지금도 가끔 '엄마는 커서 뭐가 되고 싶어?'라는 질문을 한다. 하지만, 이제는 그 질문이 슬프지 않다. 내가 다시 꿈을 꾸고 있기 때문이다. 엄마들이 '아이만 아니었다면……'이라는 생각을 하면서도 그런 생각을 하는 자신을 탓하기도 한다. 나 역시 그렇게 생각하는 '내가 정말 나쁜 엄마가 아닐까?' 하는 생각을 많이 했다. 하지만, 내 삶을 좀 더 소중하게 생각한다고 해서 엄마가 아니고, 내 삶을 무조건 아이를 위해 헌신한다고 해서 엄마인 것은 아니다. 다만 어떤 엄마로 살 것인지에 대한 고민이 필요하다. 나는 꿈꾸는 엄마가 되기로 했고, 내가 할 수 있는 작은 일부터 시작했다.

나는 그것을 필사라고 생각하고 아침마다 책상에 앉았다. 그게 무슨 도움이 되느냐고 비웃을 수도 있고, 그것으로 인생이 바뀌지 않는다고 시도조차 해보지 않는 사람도 있을 것이다. 하지만, 분명한 건 아무것도 하지 않으면 아무 일도 일어나지 않는다는 것이다. 나는 스스로 내 꿈을 '작가'라고 정했다. 언젠가 아이가 다시 한 번 엄마가 커서 뭐가 되고 싶은지 묻는다면 "엄마는 엄마처럼 다시 꿈을 찾고 싶은 엄마들에게 꿈을 주는 책을 쓰는 '작가'가 되고 싶어."라고 말할 것이다. 혹시 나와 같은 꿈을 꾸고 싶은 사람이 있다면, 필사부터 시작하라고 말해주고 싶다.

나는 '나로 살기' 위해 쓴다

나는 살면서 크게 힘들어 본 적이 없었다. 풍족한 집안 형편은 아니었지만, 외동딸로 부모님 사랑도 많이 받으며 큰 어려움 없이 자랐다. 누구나 학교에 갈 나이에 학교에 입학했고, 취직할 나이에 취직하고, 결혼해야 할 나이에 결혼했다. 하지만, 아이를 낳고 직장을 그만두었을 때 처음으로 '내 마음이 매우 힘들다.'는 것을 느꼈다.

당시 나는 아침이면 출근하는 신랑을 붙잡고 아이처럼 매일 울었다. 아이를 사랑하지만, 아이와 단둘이 남겨지는 것이 무서웠다. 나는 신랑이 출근하면, 아이를 안고 시댁에 가서 신랑이 퇴근해서 집에 돌아올 때까지 온종일 신랑을 기다렸다. 어머님이 아이를 봐주시며 잠시 쉬라고 하면 집에서 낮잠을 잤다. 사람을 만나거나 무언가를 하겠다는 아무런 의욕도 없이 항상 무기력했다. 지금 생각하면 그것이 산후 우울증일까 싶지만, 당시에는 누구에게도 말할 수가 없었다.

둘째 낳는 것을 처음부터 반대했던 친정 부모님은 "그것 봐라. 하나도 혼자 못 키우면서 둘째를 낳느냐?"고 할 것이 뻔했다. 보통의 부모님과 달리 친정 아빠는 내가 집에서 아이를 키우며 살림하는 것을 반대하셨다. 결혼이 얼마 남지 않은 상황에서도 아빠는 결혼을 꼭 해야 하는 것은 아니라며, 너의 삶을 사는 것도 좋다고 말씀하셨다. 아빠는 친구들을 만날 때면, 혼자 한 달씩 배낭여행을 떠나고, 어릴 때부터 아르바이트해서 혼자 용돈을 벌어 쓰는 독립심 강한 딸이라며 나를 늘 자랑스러워하셨다.

큰아이를 낳고 직장을 그만두겠다고 말했을 때, 아빠는 나보다 더 아쉬워하며 조금 더 참고 일을 해 보는 게 어떻겠냐고 말씀하셨다. 그러다 내가 둘째의 임신 소식을 알렸을 때, 아빠는 "나는 살면서 너 하나만 낳은 게 가장 잘한 일이었다."라며, "너도 하나만 예쁘게 키우면서 너의 삶을 살았으면 좋겠다."라고 조금은 서운한 조언을 해주셨다. 하지만, 나는 내 선택으로 둘째를 낳았다. 그렇기에 아무리 힘든 일이 있어도 내색할 수가 없었다. 물론, 부모님이 아니라 누구라도 '애 엄마가 애를 키우는 건 당연한 거 아니야?' '다들 그러고 살아.' '그것도 모르고 애를 낳았어?'라고 생각하는 것이 당연했다.

나의 선택이었지만, 나도 그럴 줄 몰랐다. 내 평생 살면서 그토록 슬프고 우울한 감정을 느낀 건 그때가 처음이었다. 누군가 강요한 것이 아니라 나 스스로 직장을 그만둔 것임에도 불구하고 '아이로 인해 직장을 잃었다.'라는 상실감이 더 크게 느껴졌다. 아이를 돌보는 것에 대한 어려움도 물론 있었겠지만, 다시는 사회생활을 할 수 없을 것이라는 마음이 나를 더 힘들게 했다. 둘째를 임신한 후 나의 생활은 참 위태로웠다. 내가 생각하는 나는 굉장히 멋진 사람이었는데, 현실에서의 나는 자신도 관리하지 못하는 부족한 사람이었다. 우울하다는 감정에서 빠져나오는 것은 나의 몫이었다. 생각해보면 직장을 다니지 않아도 할 수 있는 일들은 참 많았지만, 그것을 알아채기는 쉽지 않았다.

어릴 적 학교 수업시간에 수업에 집중하지 못하고 책에 끼적이며, 혼자만의 생각에 빠지곤 했다. 또, 회사에 아침 일찍 출근해 다이어리를 펼쳐놓고 출근 시간이 다 되도록 끼적이기를 하며, 하루 업무를 어떻게 진행할지를 생각을 정리하기도 했다. 휴대폰 메모장, 다이어리, 포스트잇, 굴러다니는 이면지, 커피숍 티슈까지 나는 모든 순간 쓰고 있었다. 아무도 알아보지 못하는 외계어일지언정 나만 알아볼 수 있는 그림인지 글인지 모를 끼적이기가 살기 위한 나의 스트레스 해소법이었다. 내가 도대체 뭘 하는지 모르겠고, 의미 없는 시간을 보내는 것처럼 느껴질 때 무엇이든 끼적이며 내 생각을 정리했다. 글쓰기라는 표현을 하기에는 너무 부족한 끼적임에 가까웠다.

글쓰기의 재료는 '생각'이다. 나는 생각은 참 많은데 그것을 정리해 표현하는 방법이 서툴렀다. 그래서, 책을 읽기 시작했다. 마지막 달까지 일을 하느라 이렇다 할 태교가 없었던 첫째와 달리, 둘째를 임신하고는 책을 정말 많이 읽었다. 책을 읽기 시작하면서 가장 좋았던 건 자존감 회복이었다. 책을 읽는 것 외엔 아무 일도 하지 않았는데, 책을 읽고 있는 나 스스로가 너무 대견하고 멋지게 느껴졌다. 어느 날은 책을 읽고, 생각을 정리하는 내 모습이 내가 생각해도 너무 멋있는 것 같아 SNS에 기록하기 시작했다. 내가 읽은 책의 좋은 문장을 발췌해서 남기고, 내 생각을 덧붙여 쓰면 사람들이 '나도 한번 읽어봐야겠다.'라고 댓글을 달아주는 것이 그렇게 뿌듯할 수가 없었다.

친구들도 만나지 않고 방구석에서 한탄만 하던 나는 끼적이기로 온라인에서 사람들과 다시 어울리기 시작했다. 책 리뷰를 하다 보니 글을 쓰고 싶었지만, 어떤 글을 써야 할지 참 어려웠다. 책 읽고 리뷰 하는 것 말고 내 이야기도 하고 싶었지만, 뭔가 부끄러웠다. 그래서 온라인 글쓰기 모임에 참여하기로 했다. 룰은 간단했다. 새벽 6시에 일어나 영상모임으로 30분에 한 꼭지씩 써 내려가는 것이다. Ctrl+Z(되돌리기)나 오타 수정도 하지 않는다. 각자의 주제에 맞춰 자유롭게 쓰고 싶은 글을 마음껏 썼다. 글쓰기 모임을 시작하면서 난생처음으로 글쓰기가 재미있다는 생각이 들었다. 보도 자료나 기고문처럼 늘 광고주에게 검사를 받아야 하는 정해진 글만 쓰다 보니 내 마음대로 쓰는 자유로운 글쓰기가 재미있게 느껴졌다. 그렇게 나는 한동안 내 마음속에 있는 말들을 마구 쏟아냈다.

과거 직장 상사의 험담, 나의 어린 시절, 친구들 이야기, 우리 가족의 에피소드 등 내 모든 일상을 소재로 만들었다. 그중 가장 많이 차지한 소재는 아이를 낳고, 키우며 힘들었던 일이었다. 내 글을 누가 보든 보지 않든 그렇게 글로 쏟아 내고 나면 내 속이 후련해지는 것을 느꼈다. 나는 그렇게 차츰 글쓰기에 적응해갔다. 글을 쓰다 보면 쓰고 싶지 않은 글도 가끔 있다. 글을 쓰고 싶지만, 누구도 읽지 않았으면 하는 아픈 상처 같은 글말이다. 나에게도 그런 글이 있었다. 나에게 아픈 상처 같은 글은 큰아이를 낳고 복직했지만, 곧바로 다시 퇴사해야 했던 그 시간이었다. 그 시기는 나에게 상처였고, 견디기 어려운 시련이었다. 하지만, 내 삶을 잘 풀어내기 위해서는 나의 아픈 과거에 다시 접근해 마주하는 시간이 필요하다. 그래서, 나는 그 사건을 토해내는 글쓰기로 날려 버리기로 했다. 그렇게 그때의 상처로 돌아가 글을 썼다. 내가 작가가 되어 글을 써보고, 내가 독자가 되어 나의 글을 다시 읽었다. 당시 나의 아픔에 공감이 되고, 위로를 받았다. 그리고 나서야 새롭게 내 글을 쓸 수 있는 용기를 얻었다.

글을 쓰다 보면 보잘것없는 나의 삶이 가치 있게 느껴진다. 좋은 글은 기술이나 기교가 들어간 글이 아니라 공감을 얻는 글이다. 누구나 사람은 자신만의 경험과 메시지가 있다. 나는 평범한 삶을 살아서 누군가에게 공감을 얻는 글을 쓸 수 없을 것이라고 생각했다. 하지만, 평범한 삶이었기에 더 많은 사람이 나에게 공감할 수 있다는 것을 알게 됐다. 그리고 나의 경험과 메시지가 쌓여가는 하루하루가 참 소중하고 가치 있게 느껴졌다.

글쓰기는 자신의 경험과 자신이 가진 메시지를 전달할 수 있다면 그 어떤 것이라도 좋다. 아무리 하찮고, 의미 없는 하루였더라도 그 안에서 나의 경험과 메시지를 찾을 수 있다. 비록 힘들었던 경험도 있겠지만, 그것 역시 글을 쓰기 위한 하나의 사례가 된다.

우리는 베스트셀러 작가가 되기 위해서 글을 쓰는 것이 아니다. 나는 '나로 살기' 위해 글을 쓴다. 아이를 낳고 경단녀가 되었다며, 열등감 가득하던 내가 아닌 당당한 나로 살아가기 위해 글을 쓰기 시작했다. 많은 사람이 글을 쓰고 싶어 하지만, 어떤 글을 써야 할지 몰라 고민을 한다. 나는 내가 써야 할 주제와 글이 생각나지 않을 때는 필사를 한다. 꼭 내 글이 아니어도 괜찮다.

필사하다 보면 자연스럽게 내가 쓰고 싶은 글감이 떠오르기도 한다. 그렇기에 꼭 내 글을 쓸 필요는 없다. 필사하다 보면 나의 글감을 찾기가 더 쉬워진다. 꾸준히 필사하다가 내 글이 쓰고 싶어지면 그때 내 글을 쓰면 된다. 글쓰기를 하고 싶지만, 어떻게 시작해야 할지 모르겠다면 지금 바로 가까운 곳에 있는 책을 꺼내 필사부터 시작해보길 바란다.

출근 전 필사로 하루를 시작하라

내가 20대 때, '아침형 인간'이라는 책이 한창 유행이었다. 아침형 인간이 아닌 나 같은 사람은 무언가 큰 잘못을 한 듯한 죄책감이 들기도 했다. 나는 밤에 활동하기를 좋아하는 '올빼미형 인간'이었다. 나는 늘 밤늦게까지 컴퓨터 게임을 하고, 친구들과 메신저로 실컷 수다를 떨다가 새벽 두세 시가 되어서야 잠자리에 들었다. 다행히 잠이 많은 편이 아니라 늦잠을 자거나 지각하는 것은 아니었지만, 밤늦게까지 놀다 새벽에야 잠들다 보니 아침에는 늘 멍하게 지냈던 것 같다.

당시 나는 내가 왜 아침형 인간이 되어야 하는지에 대해 이해하지 못했다. 아침형 인간이 있다면 나처럼 올빼미형 인간도 있는 것이 당연했다. 어린 시절부터 '나는 밤에 더 집중이 잘 된다.'라는 변명 같은 말로 늦은 시간까지 안 자고 버텼다. 특별한 이유는 없었지만, 아침형 인간보다 올빼미형이 맞는 나 같은 사람도 있을 거라며 자신을 합리화했다. 그러다 학교를 졸업하고 회사에 취업하면서 나의 올빼미형 인간의 생활이 끝났다.

나의 첫 직장은 작은 홍보대행사였다. 홍보대행사 막내에게는 뉴스 클리핑이라는 기초적인 업무를 줬다. 뉴스 클리핑은 매일 아침 모든 신문을 뒤져보고 우리 회사와 경쟁사, 그리고 업계에 관한 기사를 스크랩해 기업홍보팀에 메일링을 하는 것을 말한다. 큰 홍보대행사의 경우 뉴스 클리핑 업무만 하는 직원을 따로 두기도 하는데, 내가 다니던 회사는 작은 대행사였기에 막내인 내가 아침 클리핑을 맡아서 해야 했다.

클리핑은 홍보 담당자들이 출근하기 전에 보내는 게 원칙이라 보통 오전 8시 전에 보내게 되어있었다. 지금은 포털사이트의 영향으로 온라인 뉴스가 더 영향력이 있지만, 당시에는 종이 신문이 영향력이 컸던 시기였다. 온라인 포털에만 신문이 게재되었는지, 종이 신문에 지면이 게재되었는지가 매우 중요했다. 나는 출근을 하면 회사 앞에 무더기로 오는 종이신문을 다 펼쳐놓고 우리 기사를 찾아냈다. 찾은 기사는 깨끗하게 잘라서 스캔을 하고 파일을 첨부해 메일을 보냈다. 8시까지 메일을 보내려면 적어도 6시 반에는 회사에 도착해야 했다. 가끔 뉴스가 많은 날에는 대중교통도 다니지 않는 이른 시간에 친정 아빠의 도움을 받아 출근해야 할 정도로 이른 시간에 출근했다. 20년 넘게 스스로 올빼미형 인간이라고 생각했던 나는 직장 덕에 강제적으로 아침형 인간이 됐다.

아침형 인간의 생활은 생각한 것보다 괜찮았다. 아무도 출근하지 않은 조용한 사무실은 몰입하기에 너무 좋은 환경이었다. 시간이 지나 업무가 익숙해지다 보니 클리핑을 마치고 시간이 남기 시작했다. 클리핑이 끝나면 그날 해야 할 업무를 정리하고, 커피를 한잔 마시며 신문 기사도 읽고, 기사 자료 조사도 할 수 있는 나만의 시간이 생겼다. 클리핑에는 익숙해졌지만, 글쓰기가 문제였다. 홍보대행사의 가장 기본은 보도 자료 작성이었다. 난 글쓰기에 소질이 없었다. 어릴 적 일기도 밀리다 밀려 제대로 써본 경험조차 없었다. 글쓰기에 자신도 없었기 때문에 홍보대행사에서 오래 버티지 못할 것으로 생각했다. 그 정도로 내 글쓰기 실력은 형편이 없었다.

그때 사수가 말해준 것이 기사 베껴 쓰기였다. 아침 업무에 적응이 되면서 시간이 남자 '이게 되겠어?'라는 생각을 하면서도 한번 시도해봤다. 내가 쓴 기사인 것처럼 한글 문서에 남의 기사를 베껴 쓰기 시작한 것이다. 그렇게 필사가 시작됐다. 여전히 내 글은 부족한 것 천지다. 하지만, 필사로 글쓰기에 대한 두려움을 극복한 덕분에 나는 10년을 잘 먹고 살 수 있었다.

나는 새벽 시간에 대한 중요성을 경험으로 깨닫고 있었다. 출근길, 나홀로 오롯이 느낄 수 있는 공기와 기운도 좋았다. 아침 시간을 여유롭게 보내다 보니 내 하루에도 여유가 생겼다. 겨우 눈곱을 떼고 붐비는 지하철에서 고생하다가 허겁지겁 들어와서 컴퓨터를 켜는 여느 직원들과 달리 나의 하루에는 여유가 있었다. 당시 나는 '클리핑에서 벗어나기만 해봐라.'라는 말을 달고 살 정도로 막내 탈출이 간절했다. 새벽 시간의 몰입감을 알고 나니 그 시간을 활용해서 하고 싶은 일들이 많아졌다.

내가 막내에서 벗어나고 가장 먼저 한 일은 새벽 수영이었다. 오전 7시, 회사 앞 수영장에 수영을 등록했고, 물을 무서워해 수영을 전혀 할 줄 몰랐던 나는 기본적인 수영을 할 수 있게 됐다. 그 후로도 나는 아침형 인간이 되려고 꾸준히 노력했다. 시간이 흘러 아침형 인간은 또 다른 말로 이름만 바뀌어 다시 유행하기 시작했다. 언제부턴가 '미라클 모닝'이라는 이름으로 단체채팅방을 열어 새벽 기상 인증을 하는 모임들이 여기저기서 시작되고 있었다.

이름만 바뀌었을 뿐 '아침형 인간'과 '미라클' 모닝은 같은 듯 보였다. 나는 그들 모임에 들어가 새벽 5시 기상 미션을 진행하고, 하루를 시작했다. 내가 아침을 강제하는 이유는 아침을 어떻게 보내는지에 따라 그날의 내 생활과 기분이 달라지는 경험을 체험했기 때문이다.

그래서 나는 출근 전, 필사로 하루를 시작하기로 했다. 출근 전 필사는 준비된 하루를 맞이하는 가장 좋은 방법이다. 필사로 하루를 시작하면 그날 하루는 뭐든지 할 수 있을 것 같은 마음이 차오른다. 필사는 시간이 오래 걸리거나 하는 방법이 어렵지 않다. 출근 전, 20분이면 한 챕터를 필사할 수 있다. 내가 출근 전, 필사로 하루를 시작하는 이유는 다음과 같다.

첫째, 성취감을 느낄 수 있다. 하루 20분 필사를 성공하면 성취감을 올릴 수 있다. 작은 성공이 모여 큰 성공이 된다는 말이 있다. 성공한 사람들은 작은 성공부터 시작하라고 말한다. 필사는 아침에 일어나 이불 정리하기보다 훨씬 더 큰 성취감을 느끼게 해준다. 작은 성공으로 하루를 기분 좋게 시작하고 싶다면 출근 전 필사를 시작하자.

둘째, 마음이 차분해진다. 나는 성격이 급하고 화가 많은 편이다. 아침 일찍 일어나 허둥지둥거리다 보면 괜히 바쁜 마음에 아이들을 다그치기 일쑤다. 하지만, 조금 더 일찍 일어나 필사를 시작하고 난 후 마음이 차분해지기 시작했다. 책을 보며 천천히 한 자 한 자 자판을 쳐 내려가다 보면 마음이 편안해진다. 아침 일찍 책상에 앉아 마음을 가다듬을 수 있는 일에 필사만큼 좋은 일은 없다. 책을 보며 자판을 치다 보면 어느덧 잡념이 사라지는 것을 느낄 수 있다. 잡념을 없애고 사색을 하면서 마음을 가다듬다 보면 하루를 차분하게 시작할 수 있다.

셋째, 나만의 시간을 가질 수 있다. 아이를 키우며 직장을 다니는 워킹 맘에게 혼자만의 시간은 상상하기조차 어려운 일이다. 하지만, 나는 필사를 하는 아침 시간을 나만의 시간으로 만들기로 정했다. 종일 일과 육아로 보내는 하루 속에서 '출근 전 20분' 필사를 하는 시간만큼은 오롯이 나만을 위한 시간으로 가질 수 있다. 필사는 글쓰기 실력이나 내 의견을 나타내야 하는 일이 아니다. 잠시 내가 필사하는 책의 작가가 된 것 같은 느낌을 느끼며 나만의 사색을 즐길 수 있다.

넷째, 독서로 자기 계발을 할 수 있다. 일부러 시간을 내 책을 읽기란 쉬운 일이 아니다. '오늘은 꼭 책을 읽어야지.'라고 생각을 하지만, 실제로 행동에 옮기기는 쉬운 일이 아니다. 하지만 아침에 '출근 전, 하루 한 꼭지 필사하는 시간'이라는 시간을 정해놓고 나니 필사를 통해 독서를 할 수 있게 되었다. 필사는 눈이 아닌 손으로 책을 읽는 독서 방법이다. 한 달에 한 권의 책을 읽기가 힘든 워킹 맘에게 필사는 독서와 자기 계발을 한꺼번에 해결할 수 있는 효과적인 독서 방법이다.

필사를 통해 독서를 하는 것은 그냥 훑어 읽는 책 읽기가 아닌 깊은 독서를 할 수 있는 가장 쉬운 방법이다. 독서가 생각을 확장하는 역할을 한다면, 필사는 생각을 깊이 있게 하고 정리하는 역할을 한다. 몰입하기 최적인 시간인 이른 아침 하루 20분 필사를 통해서 집중하게 되면 업무 효율성이 높아진다. 그리고, 생각이 긍정적으로 바뀌고, 삶의 활기도 찾을 수 있다. 나는 확신한다. 출근 전 20분, 아침 필사는 당신의 삶을 풍성하게 해줄 것이다. 준비된 하루를 맞이하고 싶다면, 출근 전 20분 필사로 하루를 시작하자.

내가 필사하는 세 가지 이유

나는 오래전부터 블로그를 만들어서 글을 쓰고 있다. 회사에서 상업적으로 쓰던 블로그 글을 삭제하고, 개인 블로그로 바꿨더니 검색도 잘 되지 않는 저품질 블로그가 됐다. 쉽지는 않지만, 애정을 가지고 꾸준히 콘텐츠를 올리려고 노력하는 중이다. 나는 SNS가 나를 알리는 가장 좋은 수단이라고 생각한다. 블로그는 직장도 직함도 없던 시절 '나'를 알릴 수 있는 유일한 채널이고, 내 명함이었다.

블로그 닉네임은 하고 싶은 것이 많은 나를 생각해 '꿈부자'라고 지었다. 그리고는 책 리뷰부터 토퍼 만들기, 풍선 만들기, 아이랑 여행 가기, 주식, 부동산 등등 각종 내 관심 분야와 취미, 일상생활에 대해 기록했다. 나는 블로그와 함께 인스타도 정말 열심히 운영하고 있다. 뒤늦게 시작하긴 했지만, 나는 인스타에 하루 세 끼 뭘 먹었는지, 아이들이랑 무엇을 했는지, 무슨 책을 읽었는지 등 하루에 적게는 두 개에서 많게 는 다섯 개씩 피드를 올리기도 한다. SNS를 운영할 때 특정한 '주제'가 있는 것이 좋다고 하지만, 내 SNS는 중구난방이다. 왜냐하면, 내 SNS의 목적과 주제는 '나'이기 때문이다.

하루는 오랜만에 중학교 동창을 만나 저녁을 먹는데, 나에게 "인스타 하면 돈을 얼마나 벌어?"라고 물었다. 나도 처음 듣는 말이었기에 "무 슨 돈을 벌어?"라고 되묻자. 친구는 내가 너무 열심히 피드를 올려서 인 스타그램으로 돈을 버는 것인 줄 알았다고 말했다. 그리고는 돈이 되는 것도 아닌데, 그걸 왜 그렇게 열심히 하느냐고 물었다.

사실 별다른 이유는 없다. 친구의 말처럼 SNS가 돈이 돼서도 아니고, 누군가에게 보여주고 싶어서도 아니다. 다만, 포트폴리오처럼 내가 살 아가는 일상을 기록하는 것이 나도 알 수 없는 나를 찾는 과정이 된다. 책 쓰기를 하다 보면, 열심히 모은 내 콘텐츠들이 하나의 사례로 새롭게 탄생한다. 하찮은 일상은 없다. 시간이 지나 내 포트폴리오를 열어보면 내가 지낸 하루하루가 너무 소중하다는 것을 느낄 수 있다.

큰아이가 초등학교에 입학하기 전이던 7살 겨울방학에 유치원 엄마 들과 그룹을 지어 인라인스케이트 방학 특강을 개설했다. 유치원 겨울 방학에 맞춰진 특강은 날짜가 정해져 있어 2주 동안만 진행됐다. 방학

동안 집에서 체력이 약해질 것을 걱정해 만들었던 프로그램이었는데, 아이들의 만족도가 엄청 높았다. 우리 딸 역시 인라인스케이트를 좀 더 배우고 싶어 했지만, 정규 과정이 있는 봄을 기약하기로 했다. 계속 다닐 수 없는 상황이긴 했지만, '우리 아이가 운동을 좋아하나?'라는 생각이 한동안 떠나지를 않았다.

아쉬워하는 아이와 가까운 스케이트장에 가서 피겨스케이트를 타보기로 했다. 인라인스케이트를 배운 탓인지 피겨스케이트는 배운 적도 없었는데 처음부터 곧잘 타는 것을 확인하고는 내심 뿌듯했다. 그리고, 한 달 후, 나는 아이를 데리고 스키장에 갔다. 아이는 스키장에 도착하기 전부터 타본 적도 없는 스키가 싫다며, 자기는 인라인스케이트가 제일 재밌다고 말했다. 하지만, 내 생각은 명확했다. 스키가 재미없고 싫을 수 있지만, 시도해보지 않으면 그것이 정말 싫은 것인지 알 수 없다는 것이다. 내 생각이 맞았다. 처음 강습을 받아 스키를 타게 된 아이는 그날 저녁 집에 돌아와 잠들기 전까지 스키장에 또 가고 싶다고 말하다 잠이 들었다.

아이가 먹어본 적이 없는 음식이 먹기 싫다고 말할 때도 마찬가지다. "먹어보지 않았는데 어떻게 맛이 없는 걸 알 수 있어? 일단 시도를 해봐. 한번 먹어보고 맛없으면 그땐 먹으라고 하지 않을게."라고 말이다. 무작정 엄마가 좋은 것을 강요하는 것과는 다르다. 나에게 글쓰기가 그랬다. 글을 쓰려고 하니 겁이 났다. '계약이 안 되면 어떻게 하지?' '뭐 이런 글을 책으로 냈냐고 흉보면 어떻게 하지?' 나에게는 책 쓰기를 포기해야 하는 수백 가지의 이유가 있었다. 하지만, 난 아직 시도해보지 않았기에 아이에게 말했듯 계속해서 시도할 생각이다.

나는 아침이면 필사를 겨우 마치고 허겁지겁 출근하고, 퇴근한 후에는 아이들을 재우고 글쓰기를 한다. 내가 종종거리며 피곤해할 때면, 주변 사람들은 '네가 무슨 책을 써.', '하는 일이나 잘해.', '그렇게까지 하는 이유가 뭐야?'라고 말한다. 사실, 나는 해야 할 일은 절대 미리 하는 일이 없고, 마감 시간이 코앞에 와야 움직이는 게으른 사람이다. 그래서, 목표를 정하면, 강제로 할 수밖에 없는 상황에 나를 데려다 놓는다.

나는 내 책을 한 권 갖는 것을 목표로 정했다. 그래서 매일 쓸 수밖에 없는 '하루 20분, 필사'라는 상황에 나를 데려다 놓았다. 내가 어떤 상황에서도 필사하는 것에는 세 가지 이유가 있다.

첫째, 자기 발전을 위해서다. 나는 직장생활을 하는 워킹 맘이다. 직장을 가고 퇴근해서 아이들과 놀아주는 그 일상만으로도 사실 하루가 빡빡하다. 나 역시 어떤 날은 피곤해서 그냥 늦잠을 자고 싶다고 생각하기도 하고, 아이들 등원 준비에 필사를 포기하고 건너뛰는 날도 있다. 하지만, 모두에게 공평하게 주어진 시간 속에서 될 수 있으면 내 스케줄을 빡빡하게 채워 넣으려고 노력한다. 나는 성장을 하기 위해 필사를 선택했다. 매일 반복되는 일상 속에서 사람이라면 누구나 무기력해지기 마련이다. 반복된 삶에서 의미를 찾기 위해 필사를 한다. 새벽 시간 필사는 내가 조금만 노력하면 할 수 있는 자기 계발 미션 중에 하나다. 내가 조금만 부지런하게 일어나고, 조금만 서두르면 얼마든지 성공할 수 있다. 새벽 필사에 성공하는 미션은 내 삶의 자극과 동기부여가 되기에 충분하다. 내가 나를 채근하지 않으면 아침부터 밤까지 침대에 누워 나오지 않는다고 아무도 나를 일으켜주지 않는다. 매일 한 꼭지씩 쓰는 것으로 내 삶에 작은 변화를 시도했다. 그리고 필사를 통해서 나는 공저 쓰기까지 성공할 수 있었다.

둘째, 쓰는 삶을 살기 위해서다. 과거 책을 쓰는 작가들을 보며 '나는 글쓰기가 정말 힘든데, 작가들은 글쓰기를 정말 좋아하는구나.'라는 생각을 종종 했다. 쓰는 삶이란 어떤 것일까? 나는 한 권도 써보지 못한 책을 수십 권의 써내는 작가들이 부러웠다. 욕심이겠지만, 글쓰기는 정말 힘든데, 내 이름으로 된 책 한 권은 꼭 갖고 싶었다. 친정 아빠가 나를 종종 놀릴 때 쓰는 말처럼 '공부는 하기 힘든데, 서울대는 가고 싶다.'라는 것과 같았다. 내 이름으로 된 책을 갖기 위해서는 쓰는 삶을 살아야겠다고 생각을 했다. 하지만, 그냥 내 글을 쓰기는 숙련되지 않은 나로서는 어려운 일이었다. 그래서 필사를 선택했다. 비록 남의 글이지만 필사를 하면서 쓰는 삶을 살 수 있게 되었다. 필사하면서 누구보다 멋진 글을 쉽게 쓸 수 있었다.

셋째, 쓰는 두려움을 극복하기 위해서다. 나는 글 쓰는 작가들을 부러워하면서도 공개적으로 '글쓰기가 어렵다.'라고 말하는 것이 두려웠다. 왜냐하면, 내가 하는 일이 글을 쓰는 일이기 때문이다. 글을 쓰는 일을 하면서, 글을 쓰는 게 두렵다고 말하는 것은 내 글쓰기 실력이 형편없음을 인정해야 하는 일이었다. 용기 내 말 하자면, 나는 10년을 글을 썼지만, 여전히 내 글 어딘가에게 내놓는 것이 두렵고 부끄러웠다. 글쓰기의 두려움은 내 글을 읽는 사람을 의식할 때 특히 커진다. '혹시 내 글을 읽는 사람이 나를 비판하지는 않을까?' 하는 두려움이 있다. 글쓰기는 일기와 달리 미래의 독자를 상상하고 쓰기 때문에 두려움과 부끄러움이 함께 찾아온다. 하지만, 필사로 매일 매일 글쓰기를 하면서 두려움을 극복할 수 있다.

하루 20분 필사로 내가 얻는 가치는 위 세 가지 외에도 참으로 많다. 필사하기 전까지 나도 의심이 참 많았다. 책 쓰기를 위해 필사를 시작하면서도 그 의심은 계속됐다. '필사한다고 책 쓰기를 할 수 있을까?' '내 글쓰기도 아니고 고작 남의 글 베껴 쓰기가 무슨 소용이 있을까?' 하고 말이다. 하지만, 필사로 쓰는 습관을 들이고 나니 왜 필사가 내가 책을 쓰는 데 도움이 되는지 깨달을 수 있었다. 필사가 단순한 베껴 쓰기, 의미 없는 '모방'에서 끝난다면 당연히 도움이 안 될 수도 있다. 하지만 기성작가의 글을 모방하고 따라 하다 보면 어느 순간 나의 독창성과 만나게 된다.

　모방이 독창성과 만나면 내 글도 쓸 수 있게 된다. '책 쓰는 지름길이 필사이다.' 수백 번을 강조해도 시도해보지 않으면 알 수가 없다. 나 역시 필사를 시작하지 않았다면, 그 중요성을 느끼지 못했을 것이다. 필사는 독창성으로 가는 지름길이다. 필사를 통해 자신의 독창성과 마주하길 바란다. 나의 독창성이 생겨나면 책 쓰기도 어렵지 않게 할 수 있다. 내가 필사를 하고 책 쓰기에 도전했듯이 더 많은 사람이 도전해보길 바란다.

수십 권의 독서보다 한 권의 필사가 낫다

"팀장님, 어떻게 하면 의욕적으로 살 수 있어요?" 모두 외근 나간 사무실에 A와 단둘이 남아있을 때였다. 그 친구는 다양한 취미활동에 진심인 날 보면서 매우 의욕적이라고 생각했던 것 같다. "나는 의욕적인 사람이 아니에요. 그냥 하는 거예요."라고 답했다. 그는 무슨 일에든 의욕이 없고 아무것도 하고 싶지 않은 게 고민이라고 말했다.

나는 보통 주말을 보내고 월요일 아침 출근을 하면, "주말에 뭐 했어요?"라고 묻는다. 내 나름의 인사다. 그러면, 그 친구의 대답은 거의 "그냥 집에 있었어요."였다. 몇 번을 물어도 크게 다른 날이 없었다. 그럴 때면 나는 늘 잔소리처럼 "주말에 친구도 만나고 놀러도 다니고, 술도 한 잔씩하고, 사람을 좀 만나요. 그래야 연애도 하지."라고 말했다. 나에겐 의욕적으로 연애도 하고, 사람도 만나고 싶은데 의욕이 없다는 그 친구의 고민이 이상하게 들렸다.

집에 앉아서 '나도 연애를 하고 싶다.'라고 생각만 할 것이 아니라 사람들이 많은 모임, 기왕이면 결혼적령기의 젊은 남녀가 많은 모임에 나가 어울려야 연애를 할 확률이 올라가지 않을까? 물론, 나가 어울려도 연애를 못 할 수도 있다. 하지만, 확률로 봤을 때 집에 있는 것보다 사람들이 많은 모임에 나가서 어울리는 것이 더 높은 것은 확실하다.

나는 무슨 일이든 생각을 오래 하기보다 실행을 먼저 하는 편이다. 업무에 문제가 생겨도 고민하기보다 일단 상황을 보고하고 고민을 나눈다. 하고 싶은 일이 생겼을 때도 마찬가지다. 해보고 싶은 일이 있으면 안 되면 그만두더라도 일단 시도를 해 보는 편이다. 그래서였을까? A가 보기에 나는 꽤 의욕적인 사람이었나 보다. 사실 간단하다. 일단 몸을 움직이면 된다. 글쓰기도 마찬가지다. 필사하고 글쓰기를 습관화하면, 책을 쓸 확률이 올라간다. 내가 '내 꿈은 책 쓰기야.'라고 생각하고, 매일 생각만 했다면 나에게는 아무 일도 일어나지 않았을 것이다. 누군가는 졸작이라고 할지언정 나는 실행을 했다. 그것만으로도 충분한 가치가 있다고 생각한다.

많은 전문가가 문해력을 높이는 방법에는 독서만 한 것이 없다고 강조한다. 나 역시 '아이들이 책을 많이 읽었으면…'하고 바라는 엄마이기에 '어떻게 하면 아이들이 책을 많이 읽을 수 있게 할까?'가 늘 고민이었다. 둘째 아이가 세 살일 무렵 아이의 어린이집 원장선생님은 늘 '책과 친해지기'를 강조하셨다. 원장선생님은 나를 만나면, "어머니, 책은 항상 아이의 눈과 손에 닿을 수 있게 해주세요."라고 말했다. 책으로 집을 어질러도 되고, 읽지 않아도 괜찮다. 책으로 쌓기 놀이를 해도 괜찮고, 심지어 찢어도 괜찮다고 말이다. 이유는 간단하다. 아기가 책에 좋은 감정이 생기게 돕기 위해서다. 간혹 엄마 중에는 아이가 책을 찢거나 책을 읽지 않고 장난을 하면 불같이 화를 내는 사람이 있다. 그러면 아이는 책에 좋은 감정을 가질 수가 없다. 책을 읽다가 장난치면 화가 난 엄마가 생각날 테니 말이다. 그때부터 우리 집에는 아이들과 내가 책을 읽고 싶다는 생각이 들면 언제든 읽을 수 있도록 곳곳에 책을 두기 시작했다.

끝까지 읽지 못해도 괜찮고, 책으로 장난으로 해도 괜찮다. 언제나 책이 가까이에 있어 편안한 감정을 느끼기를 바라기 때문이다. 책을 읽는 방법 역시 사람마다 제각각이다. 누구는 책을 읽을 때, 줄 하나 긋지 않고 눈으로만 봐 새 책같이 유지하는 사람이 있고, 누구는 형광펜, 색연필을 동원해 줄을 치고 느낌을 책에 낙서하듯 적으며 읽는 사람도 있다. 나는 후자다. 기억력이 좋지 못한 탓에 책을 읽을 때는 형광펜으로 줄을 긋고, 나중에 보고 싶은 좋은 내용이 나오면 포스트잇을 붙이기도 한다. 나는 매번 책을 읽을 때마다 내용을 금방 잊어버리는 것에 늘 아쉬움을 느꼈다. 그래서 생각한 게 필사이다. 때때로 필사는 독서보다 더 좋은 수단이 된다.

대부분 사람이라면 어릴 때 '깜지'라는 것을 써본 기억이 있을 것이다. 깜지는 학생들이 종이에 공부한 내용을 빼곡히 적어서 제출하는 숙제 같은 것인데, '빽빽이'라고도 불렸다. 일부 암기과목 선생님들은 종종 깜지를 숙제로 시켰다. 특히, 시험 기간이 되면 교과서를 빽빽이 옮겨 적는데, 손가락에 얼마나 힘을 주고 썼는지 손가락에 연필 잡은 자국이 선명하게 나서 '굳은살이 생기진 않을까?' 걱정하던 일이 생생하다. 깜지는 보통 국어, 사회, 도덕과 같은 암기과목에서 주로 했다. 당시에는 그냥 아이들을 골탕 먹이는 숙제라고 생각했는데, 이제 와 생각하니 필사와 같은 의미가 있다. 내가 그 시절 깜지를 필사한다는 생각으로 한 자 한 자 내용을 생각하며 공부했다면 어땠을까? 책을 읽듯 교과서를 그냥 읽고 넘어가는 것보다는 필사가 조금은 더 오래 머릿속에 저장되지 않았을까? 하고 말이다.

어느 날 내가 좋아하는 자기 계발 유튜버가 그런 질문을 한 적이 있다. 책을 많이 읽으면 어떤 사람이 될까? 훌륭한 사람? 똑똑한 사람? 성공하는 사람? 등 많은 대답이 쏟아졌지만, 정답은 황당하게도 "책을 많이 읽으면, 책을 많이 읽은 사람이 된다."라는 것이었다. 실없는 소리로 들릴 수 있겠지만, 책을 읽는 것만으로는 인생이 바뀔 수 없다는 말을 재미있게 표현한 것이었다. 물론, 독서는 너무 훌륭한 자기 계발이지만, 책을 읽기만 해서는 나의 인생을 바꿀 수는 없다.

많은 성공한 사람들이 성공의 요인으로 '독서'를 꼽는다. 이미 성공한 많은 사람의 삶을 엿볼 수 있는 가장 훌륭한 수단이기 때문이다. 하지만, 성공한 사람의 삶을 엿보기만 한다고 나도 성공하리라는 보장은 없다. 나도 성공한 사람처럼 되기 위해서는 책을 읽으며 깨달음을 얻었고, 책을 읽고 깨달은 것을 내 삶에 적용하는 실행력이 함께 해야만 가능하다. 나는 종종 서점에 들러 새로 나온 책을 구경하고, 마음에 드는 책이 있으면 한 권씩 구매한다. 그중에서도 재테크와 관련된 자기계발서를 가장 좋아한다. 책 편식이 심한 편이라 소설책이나 시집 같은 문학책은 많이 읽지 못했지만, 재테크나 에세이, 자기계발서 등에 관심이 많아 가리지 않고 다 읽을 정도로 참 좋아한다. 그중에서도 부동산 경매 같은 재테크 책은 스무 살 무렵부터 큰 관심을 가졌지만, 한 번도 입찰해보지는 못했다. 그리고 20년이나 시간이 흘렀지만, 여전히 나는 부동산 경매 책을 즐겨볼 뿐 법원 근처에 구경조차 가본 적이 없는 월급쟁이로 살고 있다.

책을 읽었지만, 실행하지 못했기 때문이다. 내가 재테크 책을 처음 읽은 스무 살 무렵 부동산 경매나 주식을 실행할 수 있었다면, 성공이든 실패든 나의 인생은 달라져 있을지 모른다. 나는 나의 책 읽기에 '실행'이 빠져 '책을 많이 읽은 사람이 되었다.'라는 것을 인정할 수밖에 없었다. 그리고 늦게나마 그것을 깨닫고, 무엇이든 책을 읽고 느낀 바를 실천해보려고 노력하고 있다. 글쓰기도 마찬가지다. 내가 책 쓰기를 꿈꾸며 관련된 책을 많이 읽고 있지만, 책을 읽는 것에서 그친다면 나는 다시 '글쓰기 책을 많이 읽은 사람'으로 머물게 된다. 책 쓰기를 하기로 마음을 먹었다면 실행에 옮겨야 한다.

나는 올해의 목표는 '출간하기'다. 출간하기 위해서는 실행을 해야 한다. 그래서 선택한 것이 '필사'다. 올해도 '나의 꿈은 내 책을 내는 거야.'라고 혼자 생각만 하고 있다면 이 책도 빛을 발하지 못했을 것이다. 이미 나는 책 쓰기와 관련된 수십 권의 책을 읽었다. 필사는 눈이 아닌 손으로 읽는 독서 방법이다. 느리고 답답해 보이지만, 내 책을 쓰기에 가장 빠른 길이다. 필사는 단순한 독서를 넘어 글의 뜻을 잘 생각하면서 하나하나 읽어 내려가는 '숙독'을 가능하게 한다. 생각하면서 한 자 한 자 집중해서 써 내려가면 집중력도 높아지고, 글쓰기 능력까지 향상되는 것을 느낄 수 있다. 수많은 글을 쓰는 작가들은 다른 사람의 글을 베껴 쓰며 내 것으로 만드는 필사를 즐긴다. 그런 의미에서 나는 책 쓰기를 실행하기 위해서는 수십 권의 책을 읽는 것보다 한 권의 필사가 더 낫다고 생각한다.

작가가 되는 지름길이 필사이다

　회사에서는 해마다 새해 목표를 세우고 발표를 했다. 내가 서른 살쯤 되던 해, 대표님은 업무적인 목표 외에 개인적인 버킷리스트도 함께 발표하자는 제안을 했다. 평소에 버킷리스트에 대해 생각해 본 적이 없었던 나는 처음으로 진지하게 버킷리스트를 작성해 직원들 앞에서 발표했다. 당시 내가 그동안 꿈꿔왔던 열 가지 정도의 항목들을 적었는데, 결혼하기, 세계 일주하기, 책 쓰기, 강의하기, 전문가 되기 등을 적었던 것으로 기억한다.

　당시 '1만 시간의 법칙'이라는 책이 유행처럼 번져있고, 한창 열심히 일하던 시기여서 그런지 나는 '전문가'라는 말에 꽂혀있었다. 그래서였을까? 10년을 일해 홍보업계의 전문가가 되어 내 이름으로 된 책 한 권을 꼭 내리라는 내 발표에 직원들은 응원과 격려를 아끼지 않았다. 전문가의 기준은 다양하겠지만, 그 당시 내가 생각하는 전문가는 내 이름이 들어간 '책 한 권'으로 설명할 수 있었다. 하지만, 내 이름이 들어간 책을 갖겠다는 '꿈'은 전문가가 되지 못한 채 직장을 그만두게 되면서 자연스럽게 사라져버렸다. 전문가가 되어 책을 내겠다는 말은 '전문가가 되지 못하면 내 이름이 들어간 책은 낼 수 없다.'라는 것을 의미했다. 하지만, 난 포기하지 않았고, 홍보 전문가는 아니지만, 그와는 또 다른 분야의 글을 쓸 수 있게 됐다.

내가 책을 쓰고자 하는 것은 내가 잘났기 때문도 남들보다 글 쓰는 능력이 탁월해서도 아니다. 지금은 누구나 자신의 경험과 노하우만 있다면 자기 이름으로 나온 책 한 권을 가질 수 있는 시대가 됐다. 서점을 조금만 둘러보면 전업주부부터 평범한 직장인, 학교 선생님, 학생 등 다양한 직업과 위치의 사람들이 쓴 책들을 쉽게 찾아볼 수 있다. 책은 전문가나 교수님, 재벌 등과 같은 우리와 다른 사람들이 쓰는 것이 아니다. 오히려 공감할 수 있는 평범한 사람들이 쓴 글이 더 재미있을 때가 많다. 나 역시 아무개 교수님이 쓴 어려운 책보다 평범한 아이 엄마가 육아하며 얻은 경험과 노하우를 책을 통해 알려주는 것이 더 공감되고 재미있게 느껴지기 때문이다.

둘째 아이가 어린이집에 다닐 무렵부터 자기계발서를 찾아 읽으며,

온·오프라인에 강의를 들으러 다녔다. 그것은 나의 사회적 자리를 찾기 위한 과정이었다. 손바닥보다 작은 '명함'으로 나를 알리던 직장인에 불과했던 나는 '명함'을 대체할 만한 것을 찾으려고 노력했다. 누군가는 책 쓰기를 '자기 계발의 끝판왕'이라고 말한다. 나는 종종 명함 대신 내 이름이 적인 책 한 권을 꺼내 사인을 해서 건네주며, 나를 작가라고 소개하는 날을 수없이 상상하고는 했다. 내가 책을 출간하고 싶은 이유는 단순했다. 특별하게 태어난 사람이라 책을 쓰는 것이 아니라, 책을 써서 내가 특별해진다고 믿었기 때문이다.

책을 쓰고자 하는 마음이 있다면, 작가가 된 순간을 상상해 보자. 그 순간 내가 특별한 사람이 될 수 있다. 최근 자신의 꿈을 시각화하고 명상하는 것이 유행하고 있다. 나는 시각화라는 것이 유행하기 이전부터 내 책이 나오는 날을 상상하고 필사를 했다. 책 쓰기에서 가장 중요한 것은 글쓰기 실력이 아니라 '나도 할 수 있다.'라는 자신감과 실행력이다. 책 쓰기는 글쓰기 실력이 아니라 엉덩이로 한다는 우스갯소리가 있다. 내가 가장 자신 있는 한 가지가 있다면 그건 바로 '실행력'이다. 나에게는 '고민할 시간에 일단 해 보자.' 하는 실행력은 있었지만, 자신감이 없었다. 글쓰기에 대한 자신감도 물론 없었지만, 나 같은 평범한 사람의 글이 책이 되겠어?', '사람들이 내 책을 보고 비웃지는 않을까?', '출판사에서 받아주지 않으면 어쩌지?' 하는 생각들이 가득했다. 그래서 선택한 것이 필사였다.

내가 즐겨보던 프로그램 중 '생활의 달인'이 있다. 그 프로그램에는 각종 달인이 출연해 생활 속에서 쌓은 자신만의 비법을 자랑한다. 최근에 본 방송은 천 원권, 5천 원권, 1만 원권, 5만 원권 지폐 100장이 섞여 있는 상황에서 눈을 가린 채 오만원권이 아닌 지폐들을 손의 감각으로만 찾아내는 돈의 달인이었다. 은행원인 달인은 돈을 세는 기계인 계수기만큼이나 정확해 방송에 인간 계수기라고 소개되었다. 은행원이라는 직업적 특성으로 아마 오랫동안 반복적으로 돈을 세고, 만지면서 터득한 본인만의 기술일 것이다.

나는 작가가 되는 데 있어서 가장 중요한 기술은 '쓰는 습관'이라고 생각한다. 작가가 되기로 마음먹었다면, 어떻게든 써내는 것이 중요하다. 새벽 시간이든 아침이든 저녁이든 언제라도 글을 쓰기 위한 시간을 마련하고 쓰는 것이 익숙해질 때까지 반복적으로 연습을 해야 한다. 나는 그 시간을 새벽으로 정하고, 남의 글 일지라도 쓰는 습관을 위한 '필사'를 시작했다. 내 글을 쓸 때는 고민하고, 수정하고, 다시 읽고, 수정하기를 반복하며 시간을 다 보냈다면, 필사할 때만큼은 내가 글을 쓴 작가가 된 것처럼 술술 써 내려갈 수 있었다. 쓰는 습관을 들이기에 필사만 한 것이 없다고 생각한다. 물론 나 역시 '남의 글을 베껴 쓰기 과연 효과가 있을까?'라는 생각에 반신반의했지만, 하루 이틀 필사를 하는 날이 쌓여가면서 자신감은 물론 글을 보는 눈도 생겨났다. 나라면 이런 부분을 어떻게 표현할지, 이 부분을 조금 더 재미있게 풀어낼 방법은 없을지, 나에게 비슷한 사례들도 떠올리면서 즐겁게 습관을 잡아갈 수 있다.

필사를 하면서 내 글쓰기는 많이 성장했다. 나는 나의 성장을 통해 필사가 작가의 지름길임을 깨닫게 되었다. 글쓰기에 있어서 내가 변화된 점 세 가지는 다음과 같다.

첫째, 필사하면서 글쓰기가 편안해졌다. 운동하기 전, 몸이 잔뜩 긴장되어 제 실력을 발휘하지 못하는 경우가 종종 있다. 그래서 운동 전에는 꼭 준비운동을 한다. 글쓰기도 그렇다. 사실 글을 쓰려고 하면 마음이 불편했다. 나의 글쓰기 실력이 걱정되고 의심되었기 때문이다. 그래서 나는 글쓰기를 하기 전, 매일 아침 필사를 통해 준비운동을 했다. '나 이제부터 쓸 거야.'하고 잔뜩 긴장되어 있던 내 쓰는 근육이 필사를 통해 조금은 스트레칭이 된 듯 편해졌다.

둘째, A4 2장 쓰기가 그렇게 못 할 일은 아니라고 생각하게 됐다. 사실 글쓰기를 하면서 가장 어려웠던 건 '어떻게 A4 두 장을 채울까?'였다. 평생 살면서 A4 2장의 긴 글을 쓸 일은 보통 사람들에게 일어나지 않는 일이다. 처음 글을 쓸 때는 A4 1장을 넘어가기가 여간 어려운 일이 아니었다. 하지만, 필사를 꾸준히 하기 시작하면서 A4 2장을 구성하는 방법을 터득할 수 있었다.

셋째, 나를 조금 더 잘 알게 되었다. 사실 매일 아침 빼먹지 않고 필사를 한다고 말하면 거짓말일 것이다. 하지만, 꾸준히 쓰는 삶을 실천하면서 나와의 약속을 지키려 노력하는 내가 조금은 자랑스럽게 느껴진다. 하루 20분 필사는 내가 나와 지키는 가장 작은 약속이었다. 그것을 지키려 노력하는 내가 자랑스럽게 느껴졌다. 그리고 그것은 글을 통해 나타난다.

내가 생각하는 작가가 되는 지름길은 필사다. 만약 내가 필사를 시작하지 않았다면, 나는 작가가 되는 것을 포기했을 것이다. 내가 처음 책을 쓰기로 마음을 먹었을 때는 모든 것이 참 막막했다. '어떤 주제로 써야 할지', '어떻게 글을 써야 할지', '목차는 어떻게 짜야 할지' 하나부터 열까지 모르는 것투성이었다. 필사를 시작하면서 나는 자신감을 얻었고, 글쓰기를 편하게 생각하기 시작했다. 그렇게 작가가 되는 첫발을 내디딜 수 있었다. 나뿐만 아니라 이 책을 읽고 있는 당신도 아마 같은 생각을 하고 있을 것이다. '작가가 되려면 살면서 대단한 전문지식이나 업적을 가지고 있는 사람이어야 한다.'라는 생각 말이다. 하지만, 내가 할 수 있다면, 누구나 할 수 있다. 나처럼 내 이름 석 자가 들어간 책 한 권을 갖고 싶다는 꿈을 마음에 간직한 사람이라면 '필사'로 글쓰기를 시작해보길 바란다. 생각보다 책 쓰기가 대단한 일이 아니라는 것을 알게 될 것이다.

제5장
필사하니, 뭔가 치유되더라

하가영

책 쓰기, 거지같이 시작하라

인생 처음으로 책 쓰기를 위한 첫 꼭지 글을 쓸 때, 나는 손이 떨렸다. 너무 떨려서 숨이 막히고 갑자기 모든 것이 하기 싫어지고 움직이기도 싫었다. '오늘까지 1꼭지 쓰기를 완료해야 해! 무조건!'이라는 생각을 하자마자 이런 증상이 나타났다. '아구, 어쩌지? 뭘 쓰지? 다른 분들은 이미 다 썼는데, 내가 제일 마지막일 것 같다.' 작가가 되기로 하고 나는 6명의 작가와 공저 쓰기 프로젝트에 참여 중이다. 대부분 인생 첫 책을 쓰는 예비 작가이다. 책 출간 언젠가는 해보고 싶었던 일인데, 기회가 주어져서 덥석 물어버렸다. 혼자 의지로는 되지 않으니 나를 틀 안에 넣었다. 혼자 했다면 중간에 포기했을 것이다. 혼자 하다가 하지 않는다고 해도 아무도 뭐라고 하는 사람이 없기 때문이다. 하지만 공저는 6명의 작가가 모두 다 써내야 책이 나온다. 내가 중간에 멈춰버리면 다른 사람들에게 페를 끼치는 것. 그래서 나는 꼭 해내야 한다. 나는 정말 작가가 될 것이다. 식빵을 토스터기에 1분 데우고 핫초코를 탔다. 난 필라테스 강사이고 1년 365일 다이어트 중이기에 핫초코, 초콜릿 같은 달달한 음식들은 별로 좋아하지 않을뿐더러 정말 필요하지 않은 순간 외에는 잘 먹지 않는 편이다. 하지만 지금, 이 순간 핫초코가 나에게 너무 필요했다. "이미 성공한 것처럼 느끼고 행동하라! 난 작가이다!" 매일 긍정 확언을 하고 있다. 큰 포부를 가지고 공저 쓰기 미션에 참여하기 시작하면서 2달 전부터 선포하고 그렇게 느끼겠다고 다짐했다.

2020년 코로나19 바이러스가 온 세상을 덮쳤다. 국가적인 외부활동 금지령이 내렸고, 아이들은 학교에 가지 못했고 어른들도 재택근무를 했다. 외부활동을 할 수 없으니 자연스럽게 온라인으로 관심이 갔고, 온라인 마케팅 공부를 시작했다. 온라인상에서 같은 관심사를 가지고 있는 여러 사람과 만나게 되고 책을 좋아하는 사람들이 모이면서 온라인 북클럽을 만들게 되었다. 그냥 책 읽는 것과 북클럽 운영은 정말 하늘과 땅 차이인데, 도대체 뭐 믿고 북클럽 운영이라는 것을 시작했는지. 나도 참 어떻게 보면 무모하고, 어떻게 보면 실행력 하나는 끝내주는 것 같다. 하지만 그 활동을 통해서 책을 더 많이 읽고 더 좋아하게 되었다. 그리고 어느 날, 책 쓰기에도 관심이 생겼다. 성공과 자기계발에 관한 유튜브를 듣다가 어떤 저자가 "우리 아이를 위한 책을 썼어요~"라는 말을 들었다. 너무 부러웠다 '어떻게 하면 저렇게 당당하고 밝은 표정일 수 있지? 게다가 이이를 위해서라니! 어떻게 하면 저런 사람이 될 수 있지?' 너무 멋졌다. 그리고 나도 우리 아이를 위한 책을 쓰고 싶었다. 그리고 자꾸 떠올랐다. 자꾸 떠오르는 생각에 막연하지만 '나도 할 수 있지 않을까?'라는 생각까지 하게 되었다.

나의 책 쓰기 도전은 시작되었다. 인스타를 하다가 우연히 '한 달 만에 전자책 쓰기 프로젝트'라며 전자책 쓰는 법을 알려준다는 온라인 스터디 모임에 들어가게 되었다. 결심했다! "좋았어!! 책을 써서 인스타도 꾸미고 내 인스타그램 프로필에도 한 줄 넣어야겠어!! 나는 이제 도도하고 지적인 도시 여자가 되는 것이야~ 아자 아자" 하는 마음으로 결제를 하고 전자책 쓰기 모임 카카오톡 단톡방에 들어갔다. 검색하면 다 나오는 아주 형식적인, 쓰는 방법을 알려주는 PDF파일과 몇 번의 줌 강의를 했고, 단톡방 사람들도 서로 응원하며 글을 써 내려갔다. 그러나 나는 시작조차 하지 못했다. 글 쓰는 방법을 몰랐다. 검색하면 다 나오는 그 방법을 알려주긴 했으나 그것은 나의 것이 되지 못했다. 솔직히 검색하면 나오는 그것들이 끝 아닌가? 맞다! 그 사람이 알려 줄 수 있는 것은 그것이 끝이다. 그리고 내 메시지를 꺼내는 것은 나의 재량껏 해야 하는, 해내야 하는 것이었다! 뭔가 더 특별한 것, 특별소스를 알려주리라 기대했고, 기다렸다. 하지만, 미션 수행 기간이 끝나가도록 나는 한 줄도, 한 글자도 쓰지 못했다. 그렇게 '한 달 전자책 쓰기 프로젝트'는 한 달 만에 실패했다. 내 시간과 돈과 에너지만 어디론가 사라졌다.

"전자책 함께 써요."라는 다른 모임에 다시 들어갔다. 여기도 미션을 해내며 며칠간 글을 써 내려가면서 내가 쓴 글을 인증하고 공유하는 형식으로 함께 전자책을 쓸 수 있도록 동기부여 하는 모임이었다. 미션이 완료하고 나면 유료화하여 진짜 책을 쓸 수 있게 코칭 했다. 여기 또한, 한 줄도 쓰지 못했다. 머릿속에 떠오르는 것을 내 것으로 표현하지 못했으며, '이런 내용을 써도 되는가? 뭘 써야 하지?'라며 망설이는 시간이 길어지면서 더 써 내려가는 것이 힘들어졌다. 이렇게 두 번째 전자책 쓰기 참여 프로젝트도 끝났다.

지금 하는 공저 쓰기 모임은 3번째 참여 모임이다. '여기는 뭔가 특별한 것이 있지 않을까?' 하는 생각이 들었다. 함께 공저 쓰기를 하는 작가들은 이미 책을 출간했고, 글솜씨가 아주 훌륭했다. 이 작가들의 저서를 읽으면서, 내 생각 기준이 '읽는 사람'이 아닌 '쓰는 사람'으로 바뀌었다. 그 작가들의 저서를 읽으며 너무 공감했고 감동적인 글 포인트를 읽으면서 '아, 너무 부럽다.'라고 저절로 마음의 소리가 입으로 나왔다.

모임에선, 필사하기를 권했다. 매일 1꼭지씩 타이핑으로 요약이 아닌 처음부터 끝까지 따라서 적으라고 했다. 필사는 선택이 아닌 필수였다. 그리고 매일 필사 한 부분을 사진으로 찍어서 단톡방에 인증해야 한다. 처음엔 너무 하기 싫었다. '아니 책을 읽고 내가 글을 써봐야 하는데,

이렇게 베껴 쓰느라 내 글을 쓸 시간이 없어지잖아.'라고 생각했다. 하지만 일단 했다. 어쩔 도리가 없지 않은가, 난 할 줄 모르니 배워야 한다. 배워서 이 방법이 나에게 맞는지, 그리고 내 것으로 만드는 과정이 필요하기에 정말 시키는 대로 열심히 했다.

　책을 통으로 적는 필사를 좋아하기 시작하게 된 것은 그리 오랜 시간이 걸리지 않았다. 강제로 하는 책 필사 일주일 차, 책 필사의 매력에 빠져 버렸다. 1꼭지 글을 자판으로 쳐서 책 필사를 하고 감상 글 5줄 이상 적기. 5줄의 글이지만 그 생각이 이어지고 연결되면서 5줄이 10줄이 되고 1페이지가 되었다. 감상 글을 적으면서 일기 쓰듯이 맘 편하게 적다가 보면 어느 순간 내 글쓰기에 만족감이 생기고 글쓰기가 갑자기 너무 재미있어진다. 눈으로 후루룩 읽는 책 읽기도 좋지만, 자판으로 천천히 타이핑 치다 보면 이 책이 천천히 나에게 들어온다. 그리고 나에게 더 오래 머물러 있다. 하루만 지나도 기억 속에서 없어졌던 책 내용이 조금 남아있는 신기한 경험을 하게 되었다. 지금은 책 필사 전도사처럼 주변에 이야기하고 다닌다. 그리고 확실하게 말할 수 있다. 책 쓰기 초보가 저자 되는 비법은 바로바로 '필사'라고. 책 쓰기 위해, 책 필사해보라고 정말 강력추천한다.

　작가가 되기에 도전했다고 주변에 선언했다. 나도 내가 또 멈출지 모른다는 불안감과 탈락한다거나 실패할 것 같은 불안함을 간직한 채, 그럼에도 불구하고 선언했다. 선언했기 때문에 꼭 성공해야 한다. 해내야 한다. 그리고 나의 책 쓰기가 시작되었다. 주변에 알리니 많은 분들이 책 쓰기에 관심이 많다는 것을 알게 되었다. '책 쓰기 진행하냐! 와, 나도 하고 싶었다. 축하해!'라며 많은 분이 응원해주었다. 하지만 마음이 요동쳤다. 타인에게 대놓고 들은 적은 없지만 내 마음이 나를 비난했다. '네가? 책을 써내겠어?'라며 내면에서 나를 매일, 책을 쓰려고 앉아있는 매 순간 지적했다. 하지만 이미 선언했다. 죽이 되든 밥이 되든 꼭 성공해야 한다. 하기로 마음먹었다.

'너도 글 쓰고 싶어? 그냥 시작해!! 처음부터 "짠"하고 잘 쓰고 싶지? 그런 건 없어!'라는 응원과 '이딴 것도 책이라고 쓴 거냐? 수준 떨어진다.'라는 비난이 머릿속에서 충돌하고 있다. 지금 난 작가가 되기로 하고 글을 쓰고 있다. 하지만 머릿속에서 자꾸 맴도는 말들, 이런저런 비웃음과 비아냥거리는 말들이 나 스스로 그만하라고 멈추고, 그냥 살던 대로 살라고 끌어내리고 있다. 하지만 나 스스로 나를 때리지 않기로 했다. 좋은 생각만 하기로 마음을 바꿨다. '난 지금 연습 중이라 일부러 이렇게 쓴 거야. 처음부터 대박 터지면 빨리 운명한다고 했어! 울 엄마가.' 뭐든 생각한 대로 이루어진다. 좋은 생각만 해야 좋은 결과가 나온다.

"그냥 시작해라!!!" 누구에게나 처음은 있다. 글을 잘 쓰고 싶다는 마음 다 내려놓고! 막 써라! 시작부터 잘하면 오래 못 간다고 했다. 처음 대박 난 기대치만큼 그다음은 나오지 않기 때문이다. 초보 작가이니 글이 형편없을 수도 있다. 욕 받아들이고 성장의 씨앗으로 받아 여기면 점점 더 좋아질 것이다. 일단 시작해서 천천히, 천천히 해내자. 나의 성장판은 이제 열렸으니까, 내 인생 이제 시작하는 것이다. 책 쓰기 도전하고 싶으신 분들, 계속 무언가를 망설이시는 분들, 내가 쓴 글이 거지 같을까 봐 시작 못 하시는 분들, 다시 한번 강조한다. "Just do! 그냥 볼품 없더라도 한번 시작해봐라."

나를 바꾸는 하루 20분

초등학교 1학년에 들어간 아들은 한글이 서툴다. 다른 아이들은 유치원에서 거의 다 한글을 마스터하고 입학한다고 한다. 자동으로 우리 아이는 한글이 늦은 아이가 되어버렸다. 내 기준에 한글은 누구나 다 하는 것으로 생각했기에 '한글 못하는 어른은 아무도 없으니까.'라며 천천히 공부 스트레스 주지 않고, TV 광고에서 나오는 '스스로 학습법'을 추구했다. 그러나 그게 아니었다. 어린아이들이 다 놀고 싶어 하지 공부를 하고 싶어 하는 아이는 없을 것이다. 하지만 맞벌이 집안인 우리 집은 가정학습 시간이 매우 부족했다. 퇴근하고 애랑 싸워가면서 의자에 앉혀 놓을 에너지가 없었다. 하지만 아이가 공부를 못하면 엄마 잘못이 되었다. 억울했다. 맞벌이 집안에서 돈 벌어서 뭐 하겠는가? 두 아이 한글 공부방을 5~7세 3년을 다녔다. "내가 집에서 공부 쪽으로 케어가 안 되니까 학원 보냈지! 아니면 내가 집에서 공부시켰겠지!" 하면서 투덜거렸지만, 누굴 탓하겠는가, 모르니 지금부터 해야 했다.

문제는 아이가 공부하기 싫어했다. 받아쓰기 숙제가 너무 많아서 저녁 먹고 난 후 밤늦은 시간까지 3시간 혹은 4시간씩 몰아서 공부했으니, 공부가 싫을 수밖에. 하지만 안 할 수 없지 않은가? 아이와 계속 공부 때문에 싸우다가 이러면 아이와 사이가 더 안 좋아질 것 같아서 학원을 알아봤다. "어머님, 공부는 엉덩이 싸움이에요! 엉덩이를 붙이고 앉아있는 것이 정말 힘든데, 아이들은 힘드니 하지 않으려고 하죠. 이런 아이들은 조금씩 성취감을 주면서 시간을 늘려가는 수밖에 없어요. 국어 20분, 수학 20분 그리고 문제 풀이, 매일 진행하고 점차 시간을 늘려갈게요." 선생님도 너무 좋으셨고 상담도 너무 잘해주셔서 여기 학원을 믿고 등록했다. 역시 공부는 공부전문가에게 맡겨야 한다. 우리 아이는 공부에 대한 마음의 안정을 찾았고, 아이는 성적이 확실히 점프하며 올라갔다. 수학 시험도 100점을 척척 받아왔다. 잘하면 기분 좋고 못 하면 기분 나쁜 것이 공부이지 않은가? 정말 기적 같은 20분이 아닐 수 없다.

필사도 마찬가지이다. 책의 1 챕터를 출판계에서는 1꼭지라고 부른다. 1꼭지를 쓰는데 20분이면 쓸 수 있다. 우리 아이를 변하게 한 20분의 기적이 나에게도 적용된 것이다. 난 이 20분을 '나를 바꾸는 기적의

20분'이라고 부른다. 타이핑에 자신이 있었던 나는 20분이면 1꼭지를 쓴다는 자신감으로 매일 아침 눈뜨자마자 20분에 1꼭지씩 써 내려갔다. '아, 오늘도 20분 만에 1꼭지를 다 썼다. 난 역시 잘해.'라는 뿌듯함으로 매일 하는 필사가 너무 재미가 있었다. 가끔 25분이 되는 날도 있고, 집중력이 떨어져 타이핑 시작도 못 하는 날도 있었지만, 이 1꼭지 필사를 하면서 동시에 천천히 읽기를 하게 되는 독서법! '20분 필사 독서법'은 나에게 독서의 즐거움을 안겨줬다. 나는 평소 많은 책을 읽었지만, 눈으로 보고 "아 감동"하면서 훑고 지나가 버리는 기억에 남지도 않는 독서법을 가지고 있었다. 책을 읽을 때 한 권을 쭉~보는 것이 아니라 여러 한꺼번에 읽으면서 다독하다 보니 책을 읽다가 '어디서 많이 본 듯한 제목과 내용인데'라고 생각해보면, 예전에 읽었던 책인 것이다. 이런 적이 한두 번이 아니었다. 다시 생각해도 부끄럽다. 하지만 나만 이런 것은 아닐 것이다. 이런 분들 많을 것으로 생각된다.

이 기적의 20분 필사 독서법을 적용한 후로는 읽은 부분이 꽤 많이 기억에 남는 편이다. 그리고 눈으로 읽을 때보다 손으로 타이핑 치면서 책을 읽고 있는 것이니, 눈으로 읽는 속도보다 타이핑이 훨씬 느리지 않은가? 그래서 이 책이 천천히 나에게 들어와서 스며든다. 그리고 기록에 남아있으니 내가 무슨 책을 읽었고 어떤 부분이 기억에 남아서 줄을 그었는지 바로 확인할 수 있다.

20분 필사 독서법을 하는 내가 생각한 필사 할 때 마음가짐과 방법을 간단히 설명하고자 하면 다음과 같다.

첫째, '오타가 있어도 괜찮다고 생각하고 넘겨라.'이다. 나는 눈으로 책을 읽고 있고, 천천히 꼼꼼하게 읽고 있는 것이니, 타이핑 치고 있다가 오타가 나도 괜찮다. 앞으로 가서 고치게 되면 시간도 걸리고 책을 읽다가 멈춰버리는 느낌이 든다. 그러면 독서 진행이 되지 않아 독서가 재미없어지는 일이 일어날 수 있다. 고치지 않아도 된다. 훌훌 넘겨버려라. 그 순간은 지났다. 그리고 1꼭지 최종적으로 다 쓴 후에 앞으로 돌아가서 오타 난 부분에 빨간 줄로 표시되어있으니 나중에 최종적으로 앞으로 돌아가서 고치면 된다. 그러면 책을 2번 읽는 효과도 느낄 수 있고 요약하기에도 더 좋다.

둘째, 닥치고 딱 일주일만 써봐라. '아니 중요한 부분이 아니라, 처음부터 끝까지 다 써야 해? 다 쓰기 귀찮은데, 그냥 줄 긋고 메모할까?'라는 생각이 들 것이다. 하지만 그 생각은 잠시 접어둬라. 가끔 집중력이 떨어져서 시작도 못 할 때도 있고, 타이핑이 귀찮고 누워서 책을 읽는다든지 일어나기 싫은 생각이 드는 날도 있을 것이다. 지금 책을 타자치고 있으면서도 '이렇게 전부 다 적어야 하나?'라며 집중력이 떨어지는 날도 있다. 하지만 책을 읽는데 집중시간이 짧으신 사람이나 작가 되기에 도전하시는 사람이라면, 더 집중할 수 있는 단계가 되기까지 그런 생각은 잠시 접어둬라. 아니, 책 전체를 묵묵히 따라 써야 내 책 쓰는 작가가 될 수 있다.

셋째, 책 요약할 때 정말 간편하게 할 수 있다. 책 필사를 하면서 마음에 들어오는 부분을 줄을 긋거나 색깔로 표시한다. 그리고 1꼭지 필사가 끝난 후, 위 표시해놓은 부분을 드래그하고 복사, 아래 내려와서 붙여넣기! 한다. 그러면 정말 간편한 방법으로 책 요약을 할 수 있다. 그리고 이 책필사 요약 방법은 꼼꼼히 책을 읽었다는 느낌을 받을 수 있는 동시에, 요약도 간편하게 바로 할 수 있고, 그 요약본을 따로 편집해서 출력도 할 수 있다. 활용적인 면에서도 아주 좋은 방법이다.

넷째, 공부하는 학생에게도 정말 유용한 방법이다. 공부할 양이 많은 우리 아이들은 따로 시간을 빼서 교과서 외에 책을 읽을 시간이 없다. 하지만 이 필사 독서법을 사용하면 눈 뜨자마자 20분만 타이핑으로 책을 읽으면 마음의 양식을 채우는 시간을 확보한다. 그리고 반면에 게임이라든지 컴퓨터를 많이 사용하지만 타이핑 실력이 느린 독수리 타법인 아이들이 의외로 많다. 이 책 필사 독서 방법을 적용하여 책을 읽는다면 타자 실력도 자동으로 좋아지는 동시에 책도 읽을 수 있을 것이다. 물론 국어책이나 사회책 등 교과서로 책필사 해도 좋을 것이다. 공부를 따로 하는 것이 아니라 교과서를 통으로 따라 써보는 것도 좋은 방법일 것이다.

다섯째, 공부하는 어른에게도 정말 유용한 방법이다. 내가 속해있는 커뮤니티나, 내 주변 사람들 중에서 공부하는 사람들이 많다. 이 커뮤니티에는 나보다 나이가 어린 친구도 있고 나이 많으신 분들도 계시다. 50대 60대에도 새로운 도전을 한다. 나이는 숫자에 불가할 뿐, 공부와 새로운 도전은 언제나 즐겁고 기분 좋게 만드는 것이다. '나는 나이도 40대이고 지금은 늦었어!'라고 생각했었는데 내 주변분 들은 나에게 어리다고 딱 좋을 때라고 말씀하신다. 다행스럽게, 나는 지금 책을 열심히 읽고 있으며 읽다가 책이 너무 좋아져 책을 쓰는 새로운 도전을 하고 있다. 책 필사를 하면서 40세에 작가가 되기 위해 또 도전 중이다. 그리고 작가가 되었다고 매일 상상한다. 세상은 내가 상상한 대로 이루어짐을 믿는다.

어떤 사람들은 손으로 직접 쓰는 것을 좋아한다. 직접 다이어리에 손글씨로 쓰는 것을 좋아하시는 분들도 있다. 맞다. 그 방법도 좋은 방법이다. 하지만 손으로 하니, 너무 힘들어진다. 그래서 내가 추천하는 필사 독서 방법은 타이핑을 치는 것이다. 그렇게 손으로 편하게 치고 천천히 눈으로 읽으면 나에게 서서히 감동 문구가 느껴지고 그렇게 생긴 생각은 나를 바꿔놓을 것이다. 나 자신이 그런 과정을 통해 많이 변화되었다. 이렇게 책을 서서히 집중해서 읽을 수 있는 필사 독서법은 엄청나게 큰 영향을 미친다. 모든 사람에게 다 적용할 수 있다고 확신한다. 그러므로 딱 일주일 내 삶에 적용해보길 추천한다. 일주일 후에는 분명 계속하고 싶을 것이다. 그러면 일주일 후에는 딱 20일만 해 보자! 라고 결심하시라. 더도 말고 덜도 말고 매일 딱 20분씩만 20일의 기적 직접 느껴보시길, 그리고 그 기적이 내 삶을 어떻게 변화시키는지, 생각지도 못한 좋은 일이 계속 일어나는 경험을 한번 해보시길 바란다.

필사하니, 뭔가 치유되더라

회사에 다니면서 나 자신은 점점 사라졌다. 자존감이 바닥을 쳤다. 월급 200만 원에 내 영혼을 짓밟혀 버린 느낌이었다. 스스로 나를 지키지 못했다. '이 돈 때문에, 먹고 살려고'라며 좌절했으며 퇴사에 대한 막연한 두려움으로 내가 없던 삶을 살아내고 있었다. 지금 다시 생각해도 힘들었던 시간이었다. '난 정말 왜 그렇게 병신 호구로 살았을까?' 결국, 병을 얻게 되었다. 가만히 앉아있는데 갑자기 머리가 어지럽더니 빙글빙글 도는 느낌이 들더니 눈앞이 캄캄해졌다. 정말 내 몸은 가만히 있는데 몸이 회오리치는 바다에 빠진 듯이 빙글빙글 크게 돌고 있는 느낌이 들었고, 그리곤 극심한 두통과 메스꺼움이 몰려왔다. 지금 당장 토할 것 같은데 화장실로 갈 수도 없었고, 한 발자국도 움직일 수도 없었다. 갑자기 덜컥 겁이 났다. '지금은 가만히 앉아있어서 그렇지, 만약 길 걸어 가다가 갑자기 어지러워서 눈앞이 캄캄해진다면? 주저앉으면 다행이 지 쓰러져서 머리라도 바닥에 박는다면? 죽으면? 우리 가족, 아이들은 어떻게? 집 근처 이비인후과를 갔더니 큰 병원에 가보라며 소견서를 써 줬다. 대학병원에서 어지럼증 관련 검사를 받았고 며칠 후에 나온 검사 결과가 '메니에르 병'이다. 원인은 정확히 밝혀진 바는 없고 스트레스받 지 말라고 했다. 안 받을 수가 없다. 이런 이유가 치유 관련 책을 읽게 된 이유이다.

업무 스트레스는 많이 있었지만 그나마 버틸 수 있었던 것이 루이스 L.헤이의《치유》라는 책을 귀로 들으면서 일했기 때문이다. 이 책이 아 니었다면 나는 지금 제정신으로 살 수 없었을지도 모른다. 박차고 나갈 수가 없고 때리면 그대로 맞으면서 다녔기에, 나에게는 정신적 치유 가 필요했다. 유튜브 검색을 하다가 우연히 알게 된 책《치유》이 책이 내 인생 책이 된 것이다. 이 책을 읽어주는 북튜버는 아주 조곤조곤한 목소리로 속삭여 주듯이 '다 괜찮다. 너는 너로 충분하다. 있는 그대로 의 나를 사랑하라."라고 말해 줬다. 감정이 너무 격해져서 사무실에 앉 아서 오열할 뻔한 순간이 한두 번이 아니었다. 검색해서 책도 구입했다. 좋은 글은 여기저기 메모하고 필사도 했다.

한동안은 이 책을 계속 읽고 필사했다. 그러면서 내 자존감이 많이 높아진 것을 느꼈다. 서서히 나에게 들어오는 이 필사독서법을 하면서 내 삶이 정말 많이 변했다. 예전의 내 삶은 독서라고는 없었지만 내 삶이 변화된 후로는 내 하루 일과 중에 독서는 필수로 꼭 들어갔다. 보통 독서는 사람들이 일부러 시간을 내서 읽기가 쉽지 않다. "책은 읽고 싶지만, 시간이 없어요."라고 하시는 분들이 대부분이다. 하지만 독서는 시간 관리가 필수! 시간 날 때 책을 읽는 것이 아니라, 시간을 만들어서 책을 읽어야 한다. 나는 회사에 다니면 오히려 시간 관리가 잘 되었다. 새벽 5시에 일어나서 제일 먼저 하는 일이 쭉쭉 기지개를 켜고 스트레칭을 5분 한다. 그리고 복근운동 5분. 이렇게 10분 워밍업으로 몸을 움직여 준다. 그리고 일어나서 세탁기를 돌리고, 컴퓨터 앞으로 가서 20분 책 필사를 시작한다. 그리고 10~20분 정도는 오늘 필사한 글에 대한 감상 글을 적는다. 감상 글을 적는 것이 쓸 말이 자꾸 떠올라서 은근 오래 걸리긴 하지만, 감상 글을 적을 때가 더 재미있다. 그렇게 30, 40분 남짓한 시간으로 나의 모닝 독서는 개운하게 끝! 모닝 독서를 끝냈다는 기분만으로도 하루 기분을 좌우할 만큼 기분이 좋아진다. 세탁기가 다 돌아가면 옷을 건조기에 넣고 아침밥 준비를 한다. 가족들 밥을 먹이고, 아이들을 학교에 보내고 신랑도 회사 보낸다. 그 후 나는 집 정리를 마무리하고 회사에 출근한다. 대단한 일이지 않은가? 이 짧은 새벽 시간에 많은 일을 할 수 있다는 것이! 책을 읽고 필사도 하고 아이들의 케어에 집안일까지! 내가 매일 하고 있는 일이지만 해놓고 뒤돌아보면 너무 뿌듯함을 느낀다.

나는 독서 시작 이후 필사를 하게 되었고 지금은 작가가 되기 위해 글을 쓰고 있다. 초고를 완성하고 너무 부족하고 부끄러운 글이라 지금 내가 글쓰기 도움을 받는 나애정 작가에게 메시지로 질문했다. "작가님 정말 이렇게 일기 수준으로 쓴 글이 책으로 나와도 될까요? 너무 부끄러운데 괜찮을까요?" 메시지는 읽었는데 대답이 없다. 사람은 누구라도 의미를 찾게 되지 않는가? 답이 없는 것은 무슨 의미일까? 생각하고 고민했다. '정말 너 글이 형편없다. 알긴 아는구나. 정말 책이 나오면 곤란하다. 근데 네가 한다고 하니 나도 어떻게 말해야 할지 정말 곤란하구나.' 등등 온갖 부정적인 생각들이 머릿속에 맴돌면서 또 나를 괴롭히고 있다. 물론 작가님은 내가 생각하듯이 그렇게 생각하지 않으셨을 것이다. 워낙 바쁘시니, 아마도 바빠서 답을 못했을 것이다. 그렇지만 한번 들어온 부정적인 생각과 감정의 상상들은 머릿속에서 쉽사리 사라지지 않았다.

'그래, 책 쓰기를 포기해야겠다.'라고 생각했다. '난 왜 굳이 책을 써야하지? 필라테스 강의 준비도 해야 하고, 해부학 등 운동 공부도 해야 하고, 살림도 해야 하고, 아이들의 케어도 해야 하고, 신랑도 챙겨야 하는데, 할 일이 너무 많은데, 왜 내가 있는 시간 없는 시간 짜내가며 잠도 안

자면서, 왜 울며불며 이 고통스러운 일을 하는 것인가?' 생각해보았다.

다시 초심으로 돌아가니, 난 책을 읽고 필사하면서 내 삶이 변화되는 것을 느꼈고, 책이 너무 좋아졌고, 내가 이만큼 책이 좋아진 것이 너무 기쁘고, 신기했다. 이 좋은 것을 우리 아이들에게도 알려주고 싶었다. 그래서 책 쓰기에 한번 도전을 해 보고 싶어서 시작했던 것이다. 이렇게 초심으로 돌아가니 마음이 또 확 달라졌다. 만약 공저 쓰기에서 '너 나가!'하고 쫓겨난다고 해도 '싫어, 못 나가!' 하면서 시작한 일이라 마무리하고 싶다는 생각이 간절해졌다. 나 스스로, 일기가 아닌 타인에게 읽힐 수 있는 글이라는 걸 쓰고 있는, 처음 이렇게 용쓰면서 끄적거리고 있는 초보 작가이기 때문에, 작가라고도 말하기 부끄러울 정도의 수준인 내가 이렇게 머리 싸매고 있다. 책은 출간될 것이다. 스스로 출간을 확신하면 출간은 나의 삶이 될 것이다. 출간하면 작가라는 자격으로 더 열심히 쓰고 배우며 성장할 것이다. 내 자격은 내가 만든다. 그 누구도 아닌 내가 인정하고 더 노력해야 한다! 운동도 필라테스도 식단하고 근육을 단련하고 힘들게 몸매 만들어서 필라테스 강사의 자격이 주어진 지금, 너무 잘하고 있다고 생각한다. 그 누가 뭐라 해도 난 해냈다. 이 공저 쓰기도 울어가면서 잠 줄이고 밤새가며 결국, 해낼 것이다.

'난 못하는데, 내 글이 읽히는 것이 너무 싫은데, 책이 안 나왔으면 좋겠는데, 이건 내 길이 아닌 것 같아. 내가 너무 부족해 도저히 안 되겠어.'라고 생각하는 분들이 계시는가? 나도 그랬다. 공저 쓰기를 하면서 여러 번 떠오른 내 생각들이었다. 이런 부정적인 생각으로 포기하면 안 된다. 한마디만 하겠다. "다 핑계일 수 있다." 자신을 속이는 것이고 도망치는 거다. 내가 선택한 길은 아주 작은 목표라도 핑계 대고 포기하지 마라. 작가는 나에게 성장의 과정일 뿐이다. 아직도 많이 부족하지만 누구에게나 처음은 있지 않은가. 이렇게 '작가 되기'에 도전하게 된 그 시작에는 필사가 정말 중요한 한몫을 했음을 다시 한번 강조한다. 세상에 헛된 노력은 없다. 딱 한 번만 투자해 보자. '작가 되기' 과정을 통해서 필사하고 마음의 치유까지 받을 수 있다. 또 다른 세상이 열릴 것이다. 반드시!

필사하면서 알게 되었다. 나는 나로 충분하고 난 너무 좋은 사람이란 것을. 그렇지만 내가 다녔던 회사는 살기 위해 다녔지만, 점점 나를 시들고 병들게 했던 회사였다. 삶을 살아가려면 돈은 필수이다. 돈은 어디서든 벌 수 있다. 내가 살려고 돈을 버는 것이지 나를 무너뜨리면서 돈을 번다면 정말 수명이 짧아질 수밖에 없다는 것을 깨달았다. 내가 돈을 버는 이유는, 오래오래 가족들과 행복하게 재미있게 잘 살기 위해서이다. 행복하게 잘 살려면, 살아있어야 한다. 나를 죽이는 곳 말고 나를 살려주는 곳에서 돈을 벌면서 한다. 세상에는 나를 살려주는 회사도 있다. 있었다. 몰랐다. 세상 회사는 다 이런 줄 알았다. 내가 틀렸다. 책을 읽으면서 자존감이 많이 높아진 것을 스스로 느껴졌다. 내가 달라지니 세상도 달라졌다. 책을 읽고 필사하면서 내가 달라졌고, 치유되면서 삶이 만족스러움으로 꽉 찰 수 있다는 것을 처음 알았다. 난 왜 여태 40년 동안 이것을 모르고 살았을까 후회스러울 정도였다. 그리곤 회사도 이직했다. 퇴사라는 대단한 일을 해낸 것이다. 퇴사하면서 건강을 챙기려고 시작했던 필라테스가 이제는 나의 업이 되어 지금은 필라테스 강사 일도 하고 있다. 독서하고 치유되고 자존감이 높아진 것은 다 필사의 힘이라고 생각된다. 이 힘으로 앞으로, 더는 나를 아무도 아프지 않게 하겠다고 스스로 보호하겠다고 다짐했다. 이 책은 읽고 있는 분들 중 치유되지 않은 마음의 감정이 있다면 딱 일주일만 필사해보길 권한다. 그리고 내가 불가능하다고 생각했던 일에도 조금씩 도전하라. 당신의 도전을 응원한다.

닥치고 써라!
무조건 변한다

막연히 책을 한번 써보고 싶지만, 방법을 몰랐다. 아이들에게 엄마의 생각과 마음을 전달하고 싶다는 생각이 문득 들어서 책 쓰기 관련 서적을 보고 봤다. 나의 책 쓰기 프로젝트 2번의 실패 후 3번째 도전인 〈책성원〉이라는 온라인 공저 쓰기 모임에 참여하게 되었다. 선정 책이 한 권 주어졌고 매일 1꼭지씩 필사를 하라고 권했다. 처음 하는 방법이어서 당황했다. 하지만 한번 해보고 신선한 느낌을 받았다. 항상 눈으로 술술 읽었던 글을 타이핑을 쳐야 하니 나에게 천천히 들어왔고 더 정확하게 의미 전달이 되었으며 더 깊이 생각할 수 있었다. 20분 필사 후 그 여운은 쉽게 사라지지 않았다. '아! 이것은 뭐지, 너무 좋다!'

그 후 나의 독서는 필사와 함께 이어가고 있다. 나의 구글 문서에는 여러 권의 책이 저장되어있다. 1권 다 필사 완료된 책도 있고, 지금 쓰고 있는 책도 있다. 한 권씩 보는 것보다는 여러 책을 조금씩 나눠서 읽는 것을 좋아하기에 생각나는 대로 느낌대로 책을 골라서 필사하면서 읽고 있다. 나는 노트북을 사용하고 있고 구글 문서와 구글 스프레드시트를 이용한다. 구글 계정만 있으면 어디서든 어디든 열어 볼 수 있고, 사용기기도 노트북, 핸드폰, 아이패드 등 여러 기기에서 다 확인을 할 수 있어서 너무 편리하다. 틈새 독서는 핸드폰이나 아이패드로 이동하면서 볼 때도 있기에, 어디를 가든 책을 읽고 싶을 때 읽어야 하고 쓰고 싶을 때 써야 하는 스타일이라 외출할 때는 아이패드를 꼭 가지고 다니는 편이다. 그리고 어디서든 읽고 쓰고 할 수 있도록 준비되어 있다. 물론 집에서 내 자리에 앉아서 써야 필사도 글쓰기도 잘 나오긴 한다. 그래서 가끔은 이 무거운 걸 왜 매일 가지고 다니는지 후회스러울 때도 있지만 그래도 꼭 가지고 다니고 없으면 서운하다.

모닝 책 필사 후 감상문은 5줄 이상 적어야 했다. 필사는 금방 끝나는데 감상문을 쓰는 것이 처음에는 쉽지 않았다. 필사 20분에 감상문이 1시간을 잡아먹었고 하루 스케줄이 꽉 차 있는 나에게는 너무 부담스러운 일이 아닐 수 없었다. 하지만 내가 1시간 동안 생각해서 써 내려간 감상문은 글쓰기에 흥미와 즐거움과 만족감을 줬다. 혼자 신이 나서 주변 사람들에게 책 필사의 장점 이야기도 하고 다니고, "내가 1시간 동안 감상문을 썼어요~"라며 자랑하기도 했다. 생각해보면 마치 초등학교 다닐 때 독후감을 끝내고 숙제 완료! 라며 신나게 들뜬 아이처럼 그렇게 신났던 것 같다.

작가가 되기 위해선 사례가 많아야 한다. 그래서 많은 경험이 있는 것이 중요하다. 나는 올해 마흔이고 어느 정도 인생의 시련과 고통도 적당히 받아봤고, 수많은 실패도 해 봤기 때문에 나는 내 인생에서 사례는 넘쳐나게 많은 것 같다. 그리고 난 새로운 도전을 좋아한다. 그렇기에 새로운 도전 새로운 실패 경험이 너무 많다. 그러다가 생각했다. 나의 경험 사례 중 성공사례가 많이 없다는 것이다. 너무 웃겼다. 실패만이 내 인생에 가득 찼다. 하지만 성공한 모든 사람은 얘기한다. 실패한 것이 아니라 경험한 것이라고, 백번 천번 경험 후에 성공이 앞에 나타난다고. 그래서 난, 작가되기를 시작했다. 설사, 이 과정에서 실패하더라도 나에겐 독서와 필사라는 좋은 습관은 남을 것으로 판단했다. 하지만 책이 나올 것이라고 말하고 다닌 일은 어떻게 할 것이냐? 실없는 사람이 되는 건 더 싫은데. 노력할 것이다. 힘껏 노력한다면 도전에 박수 쳐 줄 것이라 믿는다. 난 "실패하려고 도전한다!"라고 생각하고 시작한다. 성격유형 MBTI 중 지극히 즉흥적인 성격의 소유자 P이다! 그래서 자꾸 자꾸 실패해야 한다. 더 많이 실패하고 경험하려고 한다. 그리고 반드시 성공할 것이다!

초고 마감일이 다가왔다. 혼자 쓰는 책이 아니라 공저 쓰기이니 내가 적지 않으면 다른 분들에게 피해를 주게 된다. 다시 정신을 차리고 새로 시작하는 마음으로 컴퓨터 앞에 앉아서 1꼭지 글쓰기를 다시 이어갔다. '개요 쓰기, 서론, 본론, 결론, 살붙이' 혼자 중얼거리며 생각나는 것들을 모두 다 메모했다. 그리곤 메모한 글에 살붙이기를 하려는 순간 또 나를 방해하는 방해꾼이 나왔다. '너 정말 해낼 수 있겠어? 출간해도 누가 읽겠어? 아니, 누가 읽으면 부끄러워서 어떻게 하려고 그러니?' 심호흡했다. 그리곤 작게 속삭였다. "닥치고 쓰자!"

삼십 대의 마지막, 곧 마흔이 된다. '앞으로 무엇을 하면서 살아야 할까? 나를 시들게 했던 직장, 남의 것 말고 내 것이 필요하다.'라는 생각이 들었다. 그렇지만 요즘 체력이 떨어지는 것이 느껴져서 신랑이 걱정되었는지 '요즘 필라테스 많이 하던데 한 번 해봐.'라고 권유했다. 나도 운동이 필요하다고 느껴서 당장 필라테스 샵 몇 곳에서 상담을 받았다. 집에서 제일 가깝고 저렴한 곳을 등록하여 배우기로 했다. 뛰지도 않는데 운동이 된다. 힘들었다. 달리기를 별로 좋아하지 않는 나는 이 필라테스가 내 마음에 들었다. 그리고 연예인들도 많이 하는 것을 봤고, 몸매 예쁜 사람들이 필라테스를 많이 하는 것을 본 적이 있다. 동작도 예쁘고 운동도 된다고 하니 '난 이제부터 필라테스를 평생 해야겠어!' 하고 결심했다. 그리고 바로 자격증을 알아보고 취득했다. 난 곧 사십 대이기 때문에 뭘 시작하기로 결심했다고 하면 바로 실행해야 조금이라도 뒤처지지 않는다. 나이가 들면 들수록 실행력 하나는 더 강력해지고 있어서 좋은 점도 있다. 자격증을 취득하고 그 후에도 계속 공부 중이다. 보통 사람들은 필라테스 강사 일은 조금 쉬워 보이는데 나도 한번 해볼까? 하고 만만하게 보시는 분들! 그렇게 생각하면 큰코다친다. 필라테스는 공부를 엄청 많이 해야 하는 직업이다. 운동인으로 살아간다는 것. 평생 공부해야 한다는 것… 해부학, 운동생리학 등 체육인들은 공부도 잘하고 몸도 좋아야 한다. 정말 운동인 모든 분들이 존경스럽다. 처음 '필라테스 강사를 해야지!'라고 결심했을 때 결코, 쉽지만은 않을 것으로 생각했다. 그리고 난 늦게 시작했기 때문에 다른 10년 경력 있는 사람들과 비교할 수가 없다. 절대로! 하지만 난 필라테스가 너무 좋다. 호호 할머니 될 때까지 필라테스를 계속할 것이다. 그래서 비즈니스 경영, 마케팅 공부도 겸해서 같이 공부했다. 내가 좋아하는 것으로 평생, 먹고 살고자 마음먹었기에 이번엔 정말 제대로 체계적으로 공부했다. 새벽에 일어나서 공부하는데 눈은 감기고 공부는 어렵고 기억이 안 나고, 가끔 속상할 때도 있었고 너무 힘들지만, 이런 순간마저도 너무 재미있다. 하나씩 알아간다는 재미! 영어로 근골격계의 명칭들을 외우면서 다음날 기억이 나면 너무 기쁘다.

고통스러운 공부, 어떻게 재미가 붙었을까? 바로 필사의 방법을 여기에 적용했다. 필라테스의 역사, 해부학, 생리학 등 모든 것을 필사하고 있다. 2번, 3번 하다 보면, 다음 날에 머릿속에 남아 기억이 나는 것이 아주 기분이 좋다. 필라테스 문제집 1권의 책을 필사하고, 그 후 손으로도 필사하기. 공부하면서 어렴풋이 기억이 나는 것이, 학교 다닐 때도 빽빽이 많이 했던 기억이 난다. 결국, 쓰면서 머릿속에 넣는 것이 가장 많이 각인되어서 기억 속에 오래 남는 것이다. 그리고 난 지금 3년 차 필라테스 강사이자 필라테스 사업 쪽으로 영역을 확장하여 샵을 운영 중인 원장이다. 나의 40대, 제3의 인생을 아주 재미있게 즐기며 활발하게 살아가고 있다.

책과 친하지 않던 예전의 나는 책은 너무 읽고 싶은데 집중력이 부족한 사람이었다. 정말 1페이지를 넘기기 힘들었다. 신랑이 '당신은 책을 베고 자려고 샀어?'라고 말할 정도로 책만 보면 엎드린 채로 책을 베고 잠을 잤다. 참으로 안타까운 일이 아닐 수 없었다. 책을 읽는 방법도 몰랐고, 집중력도 없었고, 끈기도 없었고, 의욕만 있고 책 선정하는 방법도 몰랐다. 결론적으로 책을 읽는 방법을 몰랐다. 책도 읽는 방법이 있다. 남들이 좋다는 책이 아니라 내가 좋아하는 종류의 책을, 내 수준에 맞는 책을 골라서 재미있어서 집중해서 읽어야 하는데, 남들이 좋다고 하는 아무 책이나 흥미도 없는 것을 들고 앉아있으니 잠을 안 잘 수가 있겠는가.

지금 나는 책을 잘 읽는다. 그리고 책도 쓰고 있다. '닥치고 써라. 필사해라! 진짜 딱 일주일만 해 봐라!'라고 강조한다. 필사하는 내용들이 내 것이 되어 내 삶에 변화가 일어난다. 필사 어려울 것 같다고? 그러면 오늘은 딱 한 줄만 적어보자. 그리고 내일은 2줄 적고, 다음날은 딱 3줄만 적어라. 이렇게 조금씩 양을 늘리다 보면, 내가 보고 있는 이 책은 내 것이 되고, 내가 바뀐다. 그리고 1년만 그렇게 해 보자. 자존감이 향상되어 예전과는 다른 내 모습을 보게 될 것이다. 누가 나에게 "예뻐요!"라고 했을 때, 자존감 낮았던 나는 "아니에요. 저 나이도 많고 늙고 못생겼어요."라고 타인의 배려를 격하게 저항했을 것이다. 자존감이 높아진 지금의 나는 "어머나, 저 칭찬 너무 좋아해요. 예쁘게 봐주셔서 감사합니다."라고 칭찬을 감사할 줄 알고, 좋은 것을 받을 줄 아는 사람이 되었다. 자존감이 낮은 사람은 받는 것에 익숙지 않아서 내 것이 아니라고 생각하고 격하게 튕겨내기만 하기 때문이다. 만약 본인이 좋은 것을 받을 줄 모르는 사람이라고 느낀다면, 필사를 한번 해보길 강력 추천한다. 타인의 배려를 알아차리고 좋은 것이 나에게 왔을 때 감사히 받을 수 있는 내가 되고, 원하는 삶을 사는 그런 사람이 되길 진심으로 바란다.

필사하라!
꿈이 현실이 된다

나는 필라테스 강사이다. 아무래도 필라테스라는 운동이 보여지는 이미지가 예쁘고, 날씬하고, 몸매가 예쁜 사람들이 많다 보니 나도 그렇게 가꾸어야 했다. 솔직히 필라테스 강사를 처음 하기로 결심한 이유도 이 때문이다. 사십 대가 되면서 '나는 무엇을 좋아하고 앞으로 어떻게 살고 싶은가?'라는 질문에 막연히 '난 평생 예쁘고 날씬하고 건강하고 우아하게 살고 싶다. 이렇게 한번 살아보고 싶다.'라고 대답했다. 내가 이렇게 살려면, 이 모습은 필라테스 강사가 조금 그 모습과 가까운 것 같은 생각이 들었다. 그래서 나를 틀 안에 또 넣었다. "그래! 하자! 그러면 나는 어쩔 수 없이 나를 꾸며야겠지? 난 그럼 평생 몸매가 이렇게 예쁘겠네?"라며 당장 시작하게 된 것이다. 이렇게 나는 예뻐지기로 했다.

책과 친하지 않았던 자존감 낮을 때의 나는, 나의 여성성을 숨기려고 했다. 남들에게 주목받는 것이 싫었고, 검은색 옷만 입었으며, 헤어스타일도 컷트로 남자처럼 하고 다녔다. 그렇게 뛰어난 외모도 아님에도 불구하고 더 못생겨지고 싶었고 꾸미는 방법도 몰랐다. 그러나 책과 친해진 지금의 나는 정말 180도 변했다. 자존감이 높아졌고, 나에게 호의로 다가오는지 다른 목적이 있는지 어느 정도 알게 되었다. 헤어스타일도 항상 긴 생머리를 유지하고 있고, 색깔도 핑크색, 노란색, 하얀색, 금색의 예쁜 색을 좋아하게 되었다. 옷도 화려한 색으로 입게 되었다. 이 힘은 누가 뭐래도 독서하고 독서 후 필사로 책의 내용을 내 안에 다졌기 때문이라고 강력하게 말하고 싶다.

독서는 내 삶을 정말 많이 바꿔놓았다. 내가 처음으로 메모하고 필사하고 읽었던 내 인생의 책인 루이스L.헤이의 《치유》라는 책이다. 난 우선은 내 마음부터 먼저 치유 했어야 했다. 지금 생각해봐도 이 책을 달달 외울 정도로 읽었고, 들었으며, 필사한 것이 너무 잘한 일이었다. 내 마음이 편안한 상태여야 다른 사람, 다른 책의 말들이 나에게 들어온다. 내가 편안하지 않으면 '그건 너니까 가능한 일이지! 넌 좋겠다! 너나 해!'라며 모든 말에 부정적이었을 것이다.

내가 긍정적으로 변하려면 나에게 스스로 만족하고, 나는 정말 괜찮은 사람이며, 지금의 나로서도 충분하다는 것을 알아채야 한다. 이것만

명심해라! '내가 믿으면 그것은 사실이 된다.' 나 자신을 내가 인정해줘야 한다. 내가 강사라고 하면 난 강사인 것이고, 내가 작가라고 하면 난 누가 뭐라 해도 작가이다. 타인이 뭐라고 하든, 내가 생각하는 대로 나는 생각한 그 자체인 것이다. 이 말을 자존감이 높아진 후에 무슨 말인지 깨달았고, 나를 꾸미기 시작했고, 화려한 색깔을 좋아하게 되었다. 이 변화로 내가 좋아하는 일을 하나하나 성취해 나가는 사람이 된 것이다. 지금의 나를 뒤돌아보면, 난 계획한 일을 다 이루고 있었다. 필라테스 강사도 되었고, 작가도 되었다. 그리고 또 다른 다음 단계의 일을 계획 중에 있다. 이것도 반드시 이룰 것을 생각하니 벌써 마음이 설렌다.

생각법도 많이 바뀌었다. 어느 순간부터 '해야지.'가 아니라 '이미 이뤄진 것처럼.' 생각하게 되었다. 일부러 그렇게 생각하려고 노력한 것이 아니라 습관처럼 생각하는 방법도 몸에 밴 것 같다. 그래서 꼭 이뤄질 일들, 가까운 미래에 있는 작은 목표들은 느낌으로 이미 이뤄져 있는 것으로 떠오른다. 너무 좋은 생각 습관인 것 같다. 그리고 결국은 몇 달 후에 눈앞에 이뤄져 있었다. 독서하고 필사하면서 자존감이 높아졌고 내가 원하는 일, 생각한 일들이 현실이 되었다. 난 지금 그것을 경험하고 있다.

필라테스 강사가 되고 즐겨 하던 인스타그램에서 온라인 운동모임을 개설했다. 처음엔 내가 운동이 필요해서 사람을 모았는데 40명이나 되는 분들이 모이게 되었고, 일이 점점 커지는 것 같아 조금의 부담감은 있었지만 그래도 하고자 했으니 반드시 해내리라 마음먹었다. 운동모임 분들과 매일 새벽 6:00에 온라인 줌(ZOOM) 강의를 통해 모여서 함께 운동했다. 여러 사람과 함께 하다 보니 새벽 시간이 안 된다는 분들도 계셨다. 그래서 저녁에도 같이 줌에서 만나 운동을 했다. 다른 분들은 새벽만 하시거나, 저녁만 운동하지만, 나는 아침저녁으로 운동을 하게 된 것이다. 이때는 힘들어 뼈만 남긴 했었지만 내가 생각했을 때 몸매가 최고 예쁠 때였던 것 같다.

같이 예쁜 몸매 만들자고 모였으니 다이어트를 빼놓을 수가 없었다. 몸매관리이니 운동으로 몸매관리는 하고 있고 이제 조금의 다이어트와 식단이 필요하다고 생각했다. 그리하여 같은 운동모임 분들과 식단도 같이 했다. 그러다 보니 영양에 관한 공부가 필요했다. 그래서 건강과 영양에 관한 책 필사도 하고, 다이어트와 영양 관련 워크숍도 참여하여 공부하면서 더 성장해 나갔다.

공부하기 전 나의 다이어트 방법은 안 먹고 덜 먹는 방법이었다. 20대에는 안 먹으면 살이 빠졌다. 그러나 30대 후반이 되면서 안 먹으면 몸에 힘만 없지 살이 빠지지는 않았다. 확실히 출산 전과 출산 후의 몸은 달랐다. 아가씨, 때는 먹지 않으면 배가 홀쭉해졌는데 지금은 힘만 없지 배는 그대로 나와 있었다. 그래도 다이어트 방법이라곤 아는 것이 먹지 않는 것밖에 없었으니 계속 몇 번을 그렇게 시도했다. 그리곤 몇 번의 다이어트 실패 끝에 올바르지 않은 식습관으로 인한 폭식으로 위장병이 늘 나와 함께하고 있었으며, 다이어트에 대한 거부감이 생겼고 평소에 좋아하지도 않던 초콜릿, 사탕을 엄청 먹게 되었다. 그리곤 깨달았다. 다이어트는 번거롭지 않은 일반식으로 식이섬유 풍부한 음식이나 야채를 많이 섭취하고 가공식품 최대한 먹지 않으려고 노력하면서 그런 생활이 결국은 내 생활에 녹아들어야 한다는 것을 말이다. 그리고 내 몸을 바꾼다는 것은 먹는 것이 문제가 아니라 내 정신과 마음이 함께 해야 한다는 중요한 사실을 말이다.

이 또한 내가 독서를 한 후, 필사하면서 생각 정리하는 방법을 몰랐다면 알아차리지 못했을 것이다. '이렇게 먹는 양이 적은데, 왜 내 살은 빠지지 않는 것인가?' 하고 투덜거리기만 했던 것처럼 말이다. 먹는 것이 문제가 절대로 아니다. 왜 이런 다이어트 방법도 있지 않은가? 최면 다이어트, 뇌 호흡 다이어트, 무의식 식욕 억제법, 여기서 들은 말 중에 지금 생각나는 것이 하나 이야기하자면, "지금 내 앞에 초콜릿이 있다. 이 초콜릿 위에는 구더기, 파리, 똥, 온갖 더러운 것들이 다 묻어있다. 이걸 먹을 것인가? 음식은 선택이다. 못 먹는 것이 아니라 안 먹는 것이다."라는 것이다. 이것만 봐도 내 마음과 정신에 조화가 얼마나 중요한지를 알 수 있다. 이것처럼, 제대로 독서하기 위해 독서 후 필사를 겸해야 한다는 의식을 가져야 한다. 나는 독서하면서 필사하기는 평생 멈출 수 없다고 생각을 했다.

필라테스 강사라는 목표 이후, 나의 또 다른 목표인 작가 되기. 지금 2번의 도전과 실패, 그리고 3번째의 시작을 하고 있다. 누구에게나 처음은 있고 그 처음은 어디 내놔도 부끄러운 회색빛의 미운 오리 새끼 같은 그런 모습일 것이다. 그러곤 다듬어지고 다듬어져서 결국은 화려한 백조의 모습이 될 것이다. 나는 나의 백조가 된 모습을 매일 상상하고 있다. 시도조차 하지 않는다면 내가 원하는 새하얗고 아름다운 백조의 모습은 절대로 나에게 나타나지 않을 것이다. 그래서 나는 또 실패하려고 도전하고 있다. 그리고 결국 이루어 냈다.

처음부터 잘 다듬어진 글은 절대로 나오지 않을 것이다. 하지만 난 나에게 스스로 너무 대단하고 대견하며 잘 해내고 있다고 칭찬하고 싶다. 실패하고 또 시작하는 끈기 있는 모습을 우리 아이들에게도 보여주고 싶다. 원하는 것은 뭐든 다 해낼 수 있다고 강조해서 말하고 싶다. 꿈을 이루기 위해 인생에서 가장 중요한 것은 하고 '싶은 것을 하기!' 정말 내가 하고 싶던 일이라도 잘 풀리지 않는 날도 반드시 있다! 하지만 힘들어도 견디고 버티면서 내 소중한 꿈을 꼭 이루라고! 1000번 실패하라고! 실패하고 1001번째는 반드시 성공한다. 라고 말하고 싶다. 왜냐하면, 성공할 때까지 하겠다는 결심으로 하기 때문이다. 프로 실패러인 이 엄마도 40대에 해냈으니, 소중한 꿈을 멈추지 말라고 행동으로 꼭 보여주고 싶다.

책을 쓰는 사람이 되어보고 싶었고, 독서 후 필사로 결국 이렇게 작가라는 나의 작은 꿈 하나가 또 이루어졌다. 계속 설레고 숨이 쉬어지지 않을 정도로 감정이 북받쳐 오른다. 지금 이 책을 읽고 계신 여러분들도, 마음을 설레게 하는 꿈 하나씩은 가지고 있을 것이다. 소중하고 간절한 꿈, 포기하지 말고 천천히 하나씩 이뤄내시길 바란다.

제6장
하루 20분 필사가 내 삶을 바꾼다

나애정

하루 20분의 필사

하루의 20분은 참 빨리 지나간다. 의미 없이 지나갈 수도 있고 삶을 바꾸는 귀한 시간이 될 수도 있다. 엄마들은 아침이 항상 바쁘다. 나도 마찬가지이다. 늦은 결혼으로 아이들은 이제 중1, 중 2이다. 아침에 아이들을 깨워서 먹이고 학교 보내는 것이 하루 일과 중의 큰일이다. 둘째 아이 같은 경우에는 학교가 멀어서 학교까지 태워주고 나는 출근한다. 첫째 아이보다 우린, 먼저 집을 나선다. 부리나케 큰애의 아침을 챙겨주고 작은 아이와 나는 허둥지둥 출발한다. 아침 20분. 정말 바쁘고 중요한 시간이다. 이 시간을 제대로 못 보내면 아이도 나도 지각이다. 숨이 턱에 찰 때까지 온몸으로 뛰어 100m 달리기를 아침마다 하는 기분이다. 이렇게 모든 에너지를 쏟아 20분을 보냈지만, 아침 그 시간은 지각을 안 하기 위한 노력일 뿐이었다. 하지만, 삶을 바꾸는 20분이 있다. 만약에 매일 20분간, 다른 사람의 책을 베껴 쓴다고 가정해 보자. 어려운 손글씨가 아닌 자판으로 여유롭게 필사하는 것이다. 당장 변화는 안 보일 수 있다. 하지만 딱 1달, 넉넉하게 2달만 필사한다고 생각해 보자. '1시간도 아닌, 고작 하루 20분의 필사로 뭔 변화가 있을까?'라고 기대하지 않았겠지만 20분의 필사가 삶을 바꾼다. 필사로 급진적 변화를 일으키는 계기가 된다. 내가 그 산 증인이라고 말하고 싶다.

남의 글을 베껴 쓰는 것에 대해서 환영하는 사람은 많지 않다. 남의 것을 베껴 쓰는 것은 왠지 내가 부족해서 따라 쓰는 것과 같은 기분이 들기 때문이다. 아무리 글을 못 쓴다고 하더라도 이런 기분은 느끼고 싶지 않다. 필사가 그런 부분이 있다. 하지만, 그것은 쓸데없는 자존심 내세우기이다. 필사의 효력을 제대로 모르기 때문에 그렇게 생각한다. 내 글쓰기는 남의 글을 베껴 씀으로부터 시작한다는 것을 전혀 상상하지 못했기 때문에 느끼는 부정적 감정이다. 막상 자신의 글을 써야만 할 때나 쓰는 것을 피하고 싶은 마음이 들 때 필사가 그 해법이 될 수 있는데, 이것을 보통 사람은 잘 모른다.

하루는 퇴근 후 굉장히 피곤했다. 요즘 새롭게 배드민턴을 시작했다.

배드민턴 장소가 집 근처라 퇴근하고 가볍게 운동하기에 좋다. 일주일 내내 운동하는 것이 아니라 주 2회 모여서 부담스럽지 않다. 더군다나 직장동료와 함께 간다. 배드민턴 하는 날에는 퇴근할 때 내 차를 타고 민턴 장소로 이동한다. 물론 집 근처라 먼저 동료를 내려준 후 나는 아이들 저녁을 챙겨주고 다시 민턴 장소로 간다. '민턴'은 배드민턴을 줄여서 배드민턴 치는 사람들 사이에서 비공식적으로 사용하는 용어이다. 몹시도 피곤한 그 날. 나는 고민했다. "그냥 하루 쉴까? 아니야 K 샘한테 가기로 약속했는데 안가기도 그렇고, 어떡하지. 딱 쉬었으면 가장 좋겠는데." 혼자서 구시렁거리면서 몸은 민턴 장소로 향했다. 혼자였다면 포기했을 것이다. 하지만, 약속했으니, 갔다가 그냥 오더라도 민턴 장소로 가자고 몸은 이미 결정을 내리고 움직였다. 이래서 무엇인가를 할 때는 누군가와 함께함이 중요하다는 것을 느낀다. 사람은 혼자 사는 것이 아니다. 정말 그날은 얼굴만 보고 그냥 오자는 생각으로 민턴 장소에 도착했었는데, 생각지도 않은 대반전이 일어났다. 그날 가장 운동을 많이 했고 제대로 민턴의 맛을 느꼈다. 소소한 결심과 작은 행동 하나로 인해 운동을 마치고 나올 때는 피로감은 온데간데없어지고 원기 회복되었다. 작은 행동의 위대함을 새삼 각인했다.

사사롭지만 위대한 필사. 나는 필사를 그렇게 표현하고 싶다. 나는 필사로 인해 두렵던 글을 쓰게 되었다. 글쓰기가 두려운 것은 나만 그렇지 않을 것이다. 초중고 12년 교육과정 중에 글쓰기를 제대로 배워 본 기억은 없다. 하버드대학교에서도 그렇게 강조한 글쓰기를 왜 그 긴 시간 동안 한국 아이들은 한 번도 배워볼 기회를 얻지 못했을까? 글쓰기는 정말 그 어떤 자기 계발법보다 탁월한 방법임을 경험해보았기 때문에 알 수 있다. 늦은 나이이지만 나는 글쓰기로부터의 두려움을 극복했고 자유자재로 나를 표현하는 수준에 이르렀다. 천만다행으로 생각한다. 덕분에 나는 매일 성장하고 있다. 성장은 글쓰기와 함께한다. 동전 양면과 같다. 쓰면 성장하지 않을 수 없다. 나이를 먹는다고 성장과 성숙이 자연스럽게 일어나는 것은 아니다. 나이 든 사람에게도 글쓰기가 필요하다. 글만 쓴다면 얼마든지 부족한 부분을 채워 새롭게 변화할 수 있다. 하지만 처음부터 자신의 글을 쓰는 것은 어려운 일이다. 짧은 글은 누구나 쓸 수 있지만 긴 글은 쓰는 자체가 스트레스로 다가온다. 그렇다면 어떻게 해야 하는가? 이때 필요한 것이 필사이다. 묵묵히 20분씩이라도 필사하다 보면 변화를 느낀다. 최소 1달은 해봐야 한다. 당장 변화가 없음에 포기할 것이 아니고 가치 있는 것이기에 시간을 가지고 하루 최소 20분이라도 필사를 해 보는 것이다. 글 쓰는 방법으로 진작, 필사를 알았다면 그렇게 고민하지 않아도 됐는데, 참 안타깝다. '필사'라고 하면 당연히 손으로 써야 한다고 생각했고, 그렇기에 노동처럼 느꼈던 필사를 글쓰기의 비법으로 생각하지 못했다. 기성작가도 필사의 중요성을 강조했지만, 평범한 우리는 공감하지 못했고 받아들이지 않았다. 하루 중 짧은 시간이라도 꾸준히 필사한다면 두려움 없이 글을 쓸 수 있고 자신의 내면을 좀 더 편하게 마음껏 표현하며 원하는 삶을 살 수 있을 것이라고 말하고 싶다.

필사를 통해서 책 쓰기에도 자신감이 생긴다. 내가 필사를 처음 하기 시작한 이유는 1꼭지 글을 써서 책 쓰기 시작해야 하는데, 이것에 대한 염려와 걱정이 있었기 때문이다. 책 쓰기를 본격적으로 하기 2달 전부터 나는 고민했다. '어떻게 하면 책을 쓸 수 있을까?' 이 궁리 저 궁리를 하다, 책을 직접 써보는 것은 어떨까 하는 생각을 갑자기 했다. 출간한 책을 쓰면 나도 책을 출간할 정도의 수준을 대략적으로 알게 되고 감도 잡아 쓸 수 있지 않을까? 하는 단순한 논리로 필사를 하게 되었다. 단순한 논리가 때론 정확히 맞아떨어져 문제해결점이 된다. 책 쓰기 전 필사하기가 바로 그랬다. 1꼭지, 1꼭지 필사를 하면서 '1꼭지는 이렇게 쓰면 되는 구나'라고 생각했다. 이것이 바로 실전에서 배운다는 것이다. 쓰지 않고 머리로만 익히려 한다면 시간이 오래 걸리거나 내 삶이 다할 때까지 제대로 배우지 못할 수 있다. 몸을 움직여서 배우는 것이 제대로 배우는 것이고 오히려 빨리 몸에 익힌다. 그저 하루 20분, 마음 편하게 깊이 생각하지 않고 그저 따라서 쓰다 보면 점점 변화들이 일어난다. 처음에는 시작한 것에 의의를 두면 된다. 글 쓰는 원리를 따지는 것은 필사 후 서서히 하면 된다. 매일 남의 글을 쓰는 것이 몸에 어느 정도 익을 때쯤이 되면 이제는 서서히 꼭꼭 씹어서 밥을 먹듯이 하나하나 따져서 내 것으로 만들면 된다. 그렇게 남의 글 필사를 통해서 책 쓰기도 할 수 있겠다는 자신감을 얻게 되는 것이다.

  짧은 시간이지만 삶을 바꾸는데, 20분이면 충분하다. 매일 필사하는 20분으로 내 삶을 바꿀 수 있다. 손이 아파 엄두가 안났던 필사, 하지만 그저 자판으로 두드리면 된다. 무조건 손으로만 해야 한다는 고정관념을 버려야겠다. 손 필사의 고정관념 때문에 어쩌면 필사가 대중화되지 못했을 것으로 나는 생각한다. 하지만 이제는 손이나 자판이나 필사는 다 비슷한 효과가 있음을 깨닫고 나의 삶을 새롭게 만드는 수단으로 필사를 활용해야겠다. 필사를 통해서 내 마음을 그대로 표현하는 글쓰기를 하게 된다면 삶은 변한다. 어렵기만 했던 글쓰기가 필사로 인해 해결된다. 매일 20분 필사로 글쓰기에 대한 부담감도 당연히 없앨 수 있는 것이다. 이것에 대해 의심하는 사람이 있다면 하루 20분 그저 베껴 쓰기를 시도해보시길 권한다. 자판 연습한다고 생각하고 1꼭지씩 쳐보자. 처음에는 시간이 걸리더라도 점점 빨라지게 된다. 필사하는 꼭지 수가 많아지고 책의 권수가 늘어날수록 글쓰기의 실력은 향상되고 책 쓰기에 대한 도전 정신도 생기게 될 것이다. 하루 20분 필사하고 글쓰기, 책 쓰기 도전으로 삶의 변화를 일으켜 보시길 권한다

필사, 우습게 보지 마라

나는 반복하는 것을 싫어했다. 한번 본 책은 두 번 다시 읽지 않았다.
영화도 마찬가지였다. 한번 본 영화는 다시 보고 싶은 마음이 눈곱만큼
도 생기지 않았다. 무엇을 반복하는 사람을 보면 미련통이처럼 보였다.
왜 볼 것도 많은데 굳이 두 번씩, 세 번씩 보는지 이해가 가지 않았다. 하
지만 지금은 반복을 즐긴다. 아니, 진정한 성장은 반복에서부터 시작된
다고 굳게 믿고 있다. 네빌고다드의 책은 10번을 넘게 읽은 책도 있다.
독서의 목적을 내 삶의 변화로 둔 이후부터는 반복해서 읽는다. 영화
중, 여러 번 본 영화는 〈쇼생크의 탈출〉이다. 이 영화는 볼 때마다 희열
감을 느끼며 삶을 어떻게 살아야 하는지 배우게 한다. 회계사 계통의 직
업을 가진 주인공이 아내 살인 혐의로 억울하게 옥중생활을 시작하면

서 완벽한 탈출을 꿈꾼다. 오랜 세월 조금씩 조금씩 땅굴을 파나가면서 탈출 후 생활에 필요한 지금까지 마련한다. 볼 때마다 감동이다. 나는 음식점도 내 입맛에 맞으면 질릴 때까지 방문한다. 맛집은 여러 번 가도 갈 때마다 즐겁다. 반복의 즐거움과 가치에 지금은 흠뻑 빠져있다. 그동안 제대로 성장하지 못하고 깨달음을 얻지 못한 이유는 반복하지 않았기 때문이란 생각이다. "반복"의 가치를 우습게 본 결과였다.

나는 필사에 대해서도 우습게 생각했었다. 남의 것을 베껴 쓰는 그것이 정말 가치가 있을까? 회의적이었다. 이런 나에 비해서 유명한 조정래 작가는 필사의 가치를 일찍이 간파하고 며느리한테까지 필사를 권했다. 다 큰 자식도 내 마음대로 못하는데, 굳이 며느리한테까지 강요하고 싶을 정도로 필사의 힘에 신뢰감을 가지고 있었던 것 같다. 필사는 숨은 보석과 같다고 생각한다. 절대 쉽게 눈에 들어오지 않지만 엄청난 가치가 있는 것. 그것이 바로 필사이다. 필사에 대해서 아직도 모르는 사람이 많다. 필사의 가치를 아는 사람과 알지 못하는 사람의 차이가 당연히 있을 수밖에 없다. 우리가 필사한다면 쉽게 얻을 수 있는데 필사를 잘 몰라서 하지 않기에 얻지 못하는 소중한 것이 있다.

필사한다면 글 쓰는 재미를 제대로 느낄 수 있다. 글쓰기는 말하기처럼 누구나 할 수 있는 우리의 타고난 능력이다. 다만, 말하기는 어렸을 때 자동 노출되는 환경 속에서 자연스럽게 익힌다. 하지만 글쓰기는 다르다. 인위적인 환경조성이 필요하다. 운 좋게 글쓰기의 방법을 배우는 혜택을 받은 사람도 있다. 아마도 우리 아이들 같은 경우가 아닐까 생각해본다. 나는 책을 쓰면서 글쓰기의 가치를 깊이 느끼고 있다. 그래서 아이들에게 3문장 쓰기를 권하고 있고 카톡으로 3문장을 가족 단톡방에 올리게 한다. 글쓰기에 있어서 한 문장부터 시작할 수 있지만 그래도 3문장부터 시작하는 것이 좋다. 왜냐하면, 말에도 흐름이 중요하듯이 글에도 글의 흐름을 익히는 것이 중요하다. 하고 싶은 말-이유나 근거-하고 싶은 말 강조, 식의 흐름을 연습하도록 3문장 쓰기를 권한다. 처음에는 힘들어했던 아이들도 반복하면서 일상이 되니, 아무렇지 않게 뚝딱 써서 단톡방에 올린다. 예를 들면 이런 거다. "나는 기분이 좋지 않다. 왜냐하면, 오늘 학교에서 친구들과 싸웠기 때문이다. 그래서 기분이 꿀꿀하다." 아이의 수준에 맞는 3문장이다. 이것으로 인해 아이에게 3문장 쓰기는 이제 자신의 마음을 표현하는 수단이 되었고 재미까지 느끼고 있다. 엄마에게 말로 하지 못한 이야기를 3문장 글로 표현하기도 한다. 사고 싶은 것이 있을 때는 여지없이 3문장 글로 써서 단톡방에 올린다. 글쓰기의 재미도 역시 반복 쓰기를 통해서 가능하다. 남의 글을 베껴 쓰는 것부터 해야지 반복할 수 있고, 반복하면서 내 글도 쓰면 쓰는 즐거움을 알게 된다.

필사를 하면 글쓰기가 어렵지 않다는 것을 깨닫는다. 필사의 가장 큰 장점은 쉽게 시작하면서 반복할 수 있다는 것이다. 어렵게 느껴지는 것들은 반복의 기회를 잡기 힘들다. 왜냐하면, 어려우면 하기 싫어지기 때문이다. 하지만 내 것으로 꼭 만들고 싶은 가치있는 것이 있다면 반복할 수 있는 환경을 만드는 것이 핵심이라고 말하고 싶다. 딸아이는 아직 초등학교 6학년이지만 메이크업 학원에 다닌다. 진로를 정했다기보다, 한번 해보고 싶다고 해서 학원등록을 해주었다. 지금은 필기시험을 2주 앞두고 있다. 필기시험은 고등학생들도 여러 번 떨어진다고 한다. 나는 우선, 아이가 공부를 반복할 시스템을 만들어야겠다고 생각했고 그래서 노트 필기를 하도록 했다. 책에 나오는 과목별 문제와 답을 노트 필기하게 가르쳐주었다. 우선, 아이에게 필기하는 이유를 설명했다. "노트 필기를 하면 너가 반복하기 쉽고 반복한 것은 시험에 나오면 무조건 맞출 수 있다." 아이는 내가 강조한 대로 잘 따라와 주었고, 지금 1주일도 채 남지 않았지만 계속해서 문제 쓰고 맞는 답을 기록하는 작업을 하고 있다. 이렇게 필기하면서 공부하면, 아이가 책으로만 막연히 공부하는 것보다 메이크업의 어려운 용어를 쉽게 익힐 수 있다. 그러니, 만만해져서 자신감도 생기고 즐거운 마음으로 공부한다. 필사도 이와 같다. 글쓰기의 가장 쉬운 방법이 필사다. 쉬우니 만만하고 즐겁다. 남의 글쓰기에서 내 글쓰기로 갈아타고 싶은 마음이 생길 때까지 글쓰기가 쉽다는 것을 온몸에 각인하면서 느긋하게 필사하면 된다.

글쓰기에 최적화된 뇌의 변화는 필사를 통해 가능하다. 당신은 어떤 뇌를 가지고 싶나? 몸이 특수한 기능에 최적화되듯이 뇌도 무엇인가를 특별히 더 잘하거나 선호하는 부분이 있다. 나는 책 쓰기를 하기 전에는 그저, 나 자신이 심취할 무엇인가를 좋아했다. 그것이 독서일 경우도 있고 사람들과의 만남일 수도 있다. 때론 회식 시간일 수도 있었다. 독서는 그나마 좋은 것이다. 부정적인 후유증도 없고 긍정적인 자극으로 새로운 각오를 다질 수 있는 시간이 된다. 사람들과의 만남은 어떤 사람을 만나느냐에 따라 천차만별의 상황이 연출된다. 누군가는 말했다. 삶을 바꾸려면 긍정적 자극을 줄 수 있는 사람을 만나야 한다고. 만나서 편한 사람이 아니라 만나서 동기 부여받을 수 있는 사람이면 좋을 것이다. 그런데 보통은 편한 사람을 더 만나고 싶어 한다. 이런 만남은 동기부여는 커녕 소비적인 시간이 될 가능성이 크다. 회식 자리는 또 어떤가? 즐겁기는 하지만, 후유증이 남는다. 한잔을 먹는 순간, 의미 있는 시간은 고사하고 그다음 날, 심신을 회복하는 노력으로 에너지를 낭비해야 한다. 이 모든 것을 다 경험해보았지만 글쓰기에 최적화된 뇌가 나를 가장 행복하게 한다. 글쓰기 뇌는 점진적이고 지속적인 성장을 일으킨다. 부정적인 후유증이 남을 이유도 없고 뭔가 가득 채워지지 않은 아쉬움이 생기지 않는다. 오히려 충만한 자신, 만족스러운 시간을 가진다. 매일 하는 필사를 통해서 글쓰기에 편안해지는 뇌가 된다. 반복해서 필사하니, 뇌에 글쓰기의 고속도로 회로가 만들어진다.

필사함으로 인해 특별한 것들을 우리는 얻을 수 있다. 베껴 쓰는 것에 대한 고정관념을 이제 잊어버려야 한다. 해본다면 금방 이해할 수 있기에 가볍게 필사를 시작해보길 권한다. 필사 후에 갖게 되는 특별한 선물은 오랫동안 우리를 괴롭혀오던 것에 관한 해결이다. 글쓰기에 대한 부정적인 자아상, 글쓰기의 어려움, 일반 사람들이 가지고 있는 글쓰기에 대한 부정적인 생각들이다. 하지만, 하루 20분, 한 달 정도 필사를 해본다면 조금씩 그런 생각들이 사라짐을 느낀다. 변화가 시작되는 것이다. 고작 20분이고 1달인데, 몸의 변화, 의식의 변화가 신기할 따름이다. '나는 글쓰기에 젬병이야, 다른 사람은 다 글 쓰고 책 쓴다고 해도 나는 못 써. 그래도 그 사람은 좀 쓰던 사람이었겠지? 단지 그 부분은 이야기하지 않고 무조건 필사하면 책 쓴다고 뻥 치는 걸 거야.'라며 마음의 문을 굳게 닫지 않아도 된다. "그래, 거짓말 같지만 나도 한번 필사해볼까?"라고 생각을 바꾼다면, 정말 새로운 세상을 만나게 될 것이다. 무가치하다고 생각한 베껴 쓰기가 내 인생을 바꾸는 것이다. 원래 사소한 것에서부터 위대한 변화는 일어난다. 이 진리에 대해서 충분히 알고 있다면 필사에 대해서도 그런 기대를 한번 걸어보시길 바란다. 어쩌면 세상에서 가장 쉬운 일이 필사이다. 그 필사로 글쓰기의 맛을 느끼고 책 쓰기까지 도전하게 될 것이다. 필사, 우습게 보지 말고 믿어보길 강조한다.

왜 손으로만 필사해야 하나?

    때론, 쓸데없이 나 자신에게 고집을 부리는 일이 있다. 다른 사람한테 피해 주지 않는 것은 다행이다. 하지만, 결국, 나 자신에겐 큰 손실이 생긴다. 아침에 일어나면 나는 간단히 부직포로 청소를 한다. 매일같이 청소를 한다. 먼지와 쓰레기들이 얼마나 많은지, 부직포에 붙어있는 지저분한 것들을 보면 안할 수가 없다. 부직포가 새로운 세계를 열어주었다. 초 간단 먼지 제거뿐 아니라 다른 지저분한 것도 동시에 쓸어 모아서 청소할 수 있다. 부직포사용을 위한 긴 마대 같은 도구가 따로 있어 가볍게 부착해서 쉽게 청소할 수 있음에 감사하다는 생각을 여러 번 했다. 하지만 바쁠 때는 이것을 생략해도 되는데, 아무리 바빠도 나는 이 절차를 거치고 다음 일로 넘어간다. 부직포 청소를 해야 일이 진행된다. 정말 바쁠 때는 생략하고 싶은데, 그러지 못하는 자신이 이상스럽기까지 하다. 몸에 익어서 그럴까? 아니면 간단하면서 건강할 방법이라고 머리에 각인되어서 그럴까?, 그냥, 습관처럼, 부직포 청소는 일어나자마자 꼭 한다는 생각이 머리에 저장되어 버렸다. 더 이상의 변동을 줄 마음도 없다. 머릿속에 있는 그대로 나는 어떤 상황에서든 청소하고 하루를 시작하는 것이다.

필사도 변화시킬 수 없는 강한 고정관념 같은 부분이 있었다. 무조건 손으로 필사해야 한다는 생각이다. 인생 첫 책을 쓰기 전, 나는 '필사하면 손으로 쓰기.'라는 생각으로 그 외 다른 방법을 생각해 본 적이 없었다. 그 생각이 너무나 확고해서 힘든 손 필사를 할 엄두를 내지 못했다.

딸아이의 메이크업 필기시험이 이제 코앞이다. 나의 시험 경험을 바탕으로 딸아이에게 공부 방법으로 제안한 것이 노트 필기이다. 아직 초등학생이기 때문에 시험에 나오는 공중보건학이나 질병 관련 내용, 메이크업 이론, 기타에 대해서 이해하는 데 한계가 있다고 생각했다. 그래서 생각한 것은 기출문제 위주로 문제와 답을 쓰는 필기였다. 나는 임용고시 시험 준비를 할 때, 전공 공부법으로 이 방법을 사용했다. 중요한 내용은 직접 필기를 했다. 그 필기한 것이 노트 여러 권이었는데, 반복적으로 그것을 복습하기에는 최고의 방법이었다. 반복할 수 있는 것은 확실히 머리에 저장할 수 있다. 반복할 수 있는 환경을 만들 수 있는 것들은 100% 나의 것으로 만들 수 있다는 것을 그때 실감했다. 그래서 아이에게도 나의 공부법을 알려주었고 아이는 며칠 전부터 시작했다. 어제는 주말이라 당일 독서실 이용권을 등록해주었다. 아이는 자신이 하고 싶다고 해서 시작한 메이크업이니만큼 열심히 하려는 의지를 보였다. 하지만, 필기가 어디 쉬운가? 급기야, 손이 너무 아파서 적는 것이 힘들다고 말했다. 도저히 못 적겠다며 손을 놓았다. 그래서 타자로 치는 것을 권했다. 아이는 몇 번 타자로 치더니, 그래도 적는 것이 머리에 더 잘 들어온다고 다시 손으로 필기를 해보겠다고 했다. 그나마 다행이란 생각이 들었지만, 또 손으로 쓰는 것이라 언제, 힘들다고 할지 모르는 상황이다. 여차하면 자판 치기를 권할 생각이다.

손으로 필기하는 것은 힘들어서 중간에 포기할 수 있다. 딸아이는 시험이 일주일도 남지 않아, 손으로 필기하는 것을 인내하고 있는듯했다. 기간이 길지 않으니, 참을만한 힘이 생기는 것이다. 하지만, 기한도 없이 힘들게 필기하라고 한다면 누가 참을 수 있을지 의문이 생긴다. 필기나, 필사나 다 손으로 하는 것이다. 필사도 역시 마찬가지이다. 요즘 시대에는 직접 손으로 쓰는 일이 그리 많지 않다. 컴퓨터 시대인 것이다. 자판으로 쉽게 쓸 수 있기에 굳이 손으로 힘들게 쓰지 않는다. 필사도 시대에 부응하여 손보다는 자판으로 치는 것이 맞는 것이다.

그동안, 필사 못 했던 이유는 '필사는 무조건 손'이라는 자동 메카니즘의 작동 때문이다. 어디에서 그런 고정관념이 생겼는지 자세히는 모르지만, 보통 사람은 손으로 하는 필사를 당연시했다. 당연하게 생각한 의식의 변화가 없으면 행동도 변하지 않는다. 조금 깊이 들여다보면 보이지만 그렇게 하지 않으면 생각하던 대로 생각하며 행동의 변화도 일어나지 않는다. 나는 간절함이 있었기에 자판이라도 두드릴 수 있었다. 아마도 그런 것 같다. 아직, 지금까지도 필사를 손으로 해야 한다는 생각 때문에 필사의 기적 같은 효과를 삶에 활용하지 못하는 사람들이 많다. 안타까운 일이다. 〈책성원〉 온라인 모임을 운영하면서 나에게 당연한 자판 필사가 예비 작가들에게는 아주 생소한 일이라는 것을 알고 좀더 알려야겠다고 생각했다. 자판으로 쉽게 필사하고 내 삶을 원하는 삶으로 바꾸는 지렛대로 필사를 활용했으면 하는 바람이다.

　손이 아닌 자판으로 필사를 해야 하는 구체적인 이유는 다음과 같다.

　첫째는 더 쉽게 필사한다.

　필사란 남의 글을 베껴 쓰는 것이다. 이것을 손글씨로 하나하나 따라 쓴다고 상상해 보자. 상상만으로 그만하고 싶어질 것이다. 베스트셀러 작품이기에, 고전의 유명한 책이라서 한 문장, 한 문단 필사하는 것은 그 자체가 살이 되고 피가 된다고 생각하기에 가능하다. 하지만 책 쓰기를 목적으로 하는 필사라면 그런 유명한 책이 아닌 쉬운 책으로 해야 하기에 얼마나 많은 사람이 선뜻 필사하겠다고 말할지 미지수다. 아마도 의미를 찾지 못할 수 있다. 필사에 대한 부담감도 느낄 것이다. 필사를 권유받았는데, 필사가 부담스럽다면 시작도 전에 '산 넘어 산이다'란 생각을 하게 될 것이다. 생각이 현실이다. 어렵게 생각한 것은 차일피일 미루면서 결국 그만두자고 생각하게 될지 모른다. 요즘은 대부분 컴퓨터를 사용하기에 자판 치기는 그리 부담스럽지 않다. 그냥 두드리면 된다. 오타 신경 쓸 필요 없다. 매일 쓰는 것이 만만하게 느껴지고 그런 만큼 쓰기의 삶을 살아갈 수 있다.

둘째는 부담없이 매일 필사할 수 있다

자판으로 치면 아무래도 손글씨보다는 쉽다. 쉬운 것은 부담 없이 매일 할 수 있다. 독서 습관들이는 방법 중 하나는 매일 1페이지씩 읽는 것을 추천한다. 내 아이에게도 오늘 1페이지만 읽으라고 권했다. 1페이지의 독서는 매일 할 힘을 갖게 한다. '책을 읽어야 해'라는 생각보다는 '1페이지만 읽자'라는 생각이 책을 매일 읽는데 더 효과적이다. 쉽기 때문이다. 필사도 마찬가지, 자판 치기는 쉬워서 매일 필사할 수 있다.

셋째는 매일 필사하니 글쓰기 실력이 일취월장 성장한다.

자판으로 하면 효과가 있을까? 의심할 수 있다. 나도 그랬다. "필사는 손글씨"라는 고정관념이 너무 강했기에 '자판으로 필사하면 효과도 없이 시간 낭비만 하는 것 아닐까?'라고 의심했다. 하지만 아니었다. 필사는 수단이 중요하지 않았다. 뇌는 여전히 비슷한 반응을 했다. 자판 필사 역시, 글 쓰는 실력에 도움이 되는 것은 당연했고 몸으로 매일 한 만큼, 쓰는 습관도 형성되었다. 남의 글 필사라도 쓴 만큼 성장하는 것은 자연스럽게 따라온다.

넷째는 쓰는 것이 일상이 된다.

글쓰기는 필사를 통해서 습관 들일 수 있다. 혼자서 머리 싸매고 자신의 글만을 쓰려 했기 때문에 우리는 쓰는 습관을 갖지 못했다. 남의 글을 쓰는 필사를 통해 글쓰기를 몸에 익힐 수 있다. 매일 필사하면서 쓴다면 안 쓰는 날에는 이상한 기분이 들기도 한다. 매일 가는 수영을 하루라도 쉬면 기분이 좋지 않듯이, 내 글이 아니더라도 매일 쓰다가 안 쓰면 중요한 뭔가를 잃어버린 것처럼 느끼게 된다. 그 경지에 이르면 더 쓰게 된다. 매일 쓰게 되는 것이다. 루틴의 힘은 여러 방향으로 내 생각 이상의 긍정적인 효과를 만들어 낸다.

'왜 손으로만 필사해야 하는가?' 이런 의심을 한 번이라도 해봤다면 나의 글쓰기 상황은 많이 달라졌을 것이다. 책 쓰기에 있어서는 분명 필사가 가장 기본이다. 필사가 있어서 책 쓰는 근육을 단련하고 긴 글 쓰는 감도 잡아 책 쓰기 홀로서기가 가능해진다. 홀로서기는 대단한 경험이다. 감히 책 쓰기를 어떻게 혼자서도 할 수 있다는 것인가? 필사를 하기 전에는 생각해보지 못한 생각들이다. 하지만, 필사를 1달만 해 보아도 쓰기에 대한 자신감이 생겨 혼자서도 써보자고 생각한다. 그 정도로 필사의 효과는 크다. 손 필사라는 고정관념을 버리고 지금부터 자판으로 두드려보자. 조용한 새벽 시간, 필사하면서 새로운 세상을 경험해 보자. 내가 쓰는 듯한 묘한 느낌도 받으면서 마치 작가가 된 기분을 경험하게도 된다. 이런 경험들이 반복될수록, 쓰는 것은 이제 남의 일이 아닌 내 일이 되어 쓰기가 더욱 친근하게 다가온다. 마음 가는 대로, 삶도 그렇게 쓰는 삶으로 변화된다. 쓰는 삶은 또한, 여러 긍정적인 효과를 내 삶에 일으킨다. 쓰기만 한다면 어마어마한 성장과 변화들이 일어날 것이다.

필사를 권하는 이유

책을 매일 읽는 이유는 다른 사람의 생각을 알고 내 삶에 활용하기 위해서이다. 내 생각이 맞는지 어떤지 검토하고 확인하는 시간도 된다. 특히, 내가 하고 싶은 일이 있을 때, 나는 책을 먼저 찾아본다. 수영을 배울 때도 그랬고, 골프를 잠깐 배웠을 때도 골프 기본서를 구매해서 읽었다. '아 이렇구나!' 머리로 먼저 확인했다. 기존에 없던 지식이 뇌에 주입되어 새로운 세계와 접속하는 느낌이다. 무엇을 시작할 때든 그런 과정을 거쳐 본격적인 행동으로 옮겨갔다. 그렇기에 책을 읽지 않는 사람이 나는 신기했다. 이론 내용 확인 없이 바로 행동할 수 있음에 대단하다는 생각까지 들었다. 하지만, 그것도 가만히 생각해보면 단지 하나의 스타일일 뿐이다. 책 읽기를 그리 즐기지 않는 사람이라면 책 읽을 시간에 잘하는 사람으로부터 한마디 말을 통해 배우는 것이 더 낫다고 생각할 수 있기 때문일 것이다.

책을 읽기 전에는 책의 필요성을 잘 몰랐다. 하지만 지금은 아니다. 나도 한때 책과는 담을 쌓고 세상의 재미에 호응하며 살았다. 하지만 책을 즐겨 읽기 시작하면서 이렇게 좋은 것을 그동안 몰랐던 것을 안타깝게 생각했다. 진작, 책을 읽었어야 했는데, 독서의 가치를 수도 없이 들었지만 공감하지 못했고 공감하려 하지도 않은 도도함에 지금도 반성하고 있다. 책이 나의 모든 삶에 긍정적인 영향을 미치고, 특히 새로운 시작에 있어서 읽고 시작하는 것과 읽지 않고 시작하는 것은 모터를 달고 시작하느냐와 아니냐의 차이만큼 크다고 말하고 싶다. 인생 첫 책을 쓰는 사람에게도 독서와 같은 강력한 수단이 있으니, 그것이 바로 필사임을 강조하고 싶다.

책 쓰기 시작할 때 필사는 아주 중요하다. 나는 이것을 나중에 알게 되었다. 인생 첫 책을 쓰고 난 뒤 한참 후에 간절함으로 하게 된 필사가 첫 책을 쓰는 데 핵심적 역할을 했다는 것을 깨달았다. 요즘 조깅하는 사람들이 많은데, 조깅 하는 사람의 이야기를 들어보면 조깅을 생활에 안착하는데 단계가 있다고 한다. 첫째 단계는 출발단계. 이 단계에서는 대략 3~6주 정도 시간이 걸리는데, 이때는 아침 일찍 자리에서 일어나려는 자신과 지루한 싸움이 반복적으로 일어나는 단계라고 한다. 두 번째 단계는 추진력이 생기는 단계, 이때는 일주일에 5일은 자동으로 현관문을 열고 나가고 2일은 마음을 굳게 먹어야 나갈 수 있다고 한다. 하지만, 마음을 굳게 먹어야 하는 날은 5일에서 2일로 줄어든다. 마지막 세 번째 단계는 아침에 아무리 일어나기 싫고 피곤해도 비틀거리면서도 운동화를 신고 현관문을 나선다고 한다. 3단계에 이르면, 조깅을 중단하는 것이 조깅을 계속하는 것보다 어렵게 되는 것이다.

필사에서도 단계가 있다. 공저 쓰기 프로젝트를 운영하는 〈책성원〉에서는 1달 필사를 권한다. 1달 필사 후 공저 쓰기를 참석할 자격이 주어진다. 1달 시간을 둔 것은 긴 글쓰기에 적응하는 시간이다. 긴 글을 쓸 기회가 그동안 없었기 때문에 갑자기 긴 글을 써야 한다고 했을 때 몸과 마음에 거부감이 생긴다. 이것을 완화하기 위한 목적으로 필사한다. 필사를 1주일, 한 달 해본 사람은 필사의 효과를 온몸으로 느끼기 때문에 스스로 계속하게 된다. 처음에는 필사를 시작하는 단계로 필사에 대한 부정적 고정관념을 누르고 가볍게 자판을 두드리며 시도한다. 1주일간은 의외로 참석률이 높다. 생각 외로 쉬운 것에 놀라고 필사를 함으로써 작가가 된 듯한 기분이 드는 것에 신선함을 느낀다. 두 번째 단계는 1달 정도 하면 추진력이 생긴다. 스스로 하는 단계이다. 점점 더 필사의 효과를 인지한다. 세 번째 단계에서는 어떤 환경에서도 필사를 위해 몸이 움직이고 그것을 자연스럽게 해내는 단계이다. 이 단계에서는 매일 쓰기 때문에 확실히, 쓰는 것이 생활화되고 쓰기에 대한 자신감이 붙는다.

나는 사람들에게 필사를 권한다. 내 아이들에게도 강조한다. 고전 문장 2~3줄을 그대로 따라 적고 체크리스트에 필사한 날을 체크해서 1달, 2달을 완성하면 선물을 주기도 했다. 아이이기 때문에 외적 선물이 효과가 있었다. 새로운 습관 형성 시작점에 외적보상은 사용할 만하다. 뜻을 알고 모르고 상관없이 아이들은 꾸준히 필사했다. 〈책성원〉에서도 책 쓰기를 위해 당연히 필사를 권했다. 필사의 가치에 대해 아무리 강조해도 잘 인지하지 못한다. 본인이 필사를 직접 해봐야 그 효과를 제대로 알 수 있다. 1, 2, 3단계 시간이 지날수록 그 가치를 인지한 사람은 책 쓰기와 상관없이 계속 필사하고 있음을 발견했다. 필사는 하면 할수록 여러 긍정적인 효과가 발생하여 스스로 그것을 느꼈기 때문일 것이다.

필사를 통해 반복 즐거움을 알게 되고 추진력을 장착하게 된다. 반복하는 것에 묘한 행복감이 함께 한다. 원래 반복을 싫어했던 나는 반복에 대한 새로운 가치들을 발견했다. 성공하는 사람들의 성공 비법 중에는 "반복"의 과정이 항상 있었다. 반복을 싫어했기 때문에 나는 그동안 특별한 성공을 성취하지 못했다고 생각한다. 공부를 잘하고 싶으면 반복의 시간이 필요하고 어떤 기능을 익히려면 역시 반복의 시간이 필요하다. 말을 잘하고 싶으면 말을 반복적으로 많이 해야 잘할 수 있다. 글쓰기도 마찬가지. 글을 잘 쓰고 싶다면 매일 반복해서 써야 한다. 반복의 과정을 거치지 않고 내 것이 되는 능력은 세상에 없다. 이 단순한 진리를 망각하여 그 어떤 만족스러운 성공에도 이르지 못했다. 반복만 할 수 있다면 누구나 원하는 성공을 할 수 있다는 결론에 이른다. 반복하기 위해서는 반복할 수 있는 환경을 만들어야 한다. 반복 가능 여부의 관건은 반복 시스템을 만들었냐 못 만들었냐이다. 예를 들어, 시험을 앞두고 있다면 나는 먼저 시험에 나올만한 내용을 내 손글씨로 필기부터 한다. 노트에 빽빽하게 쓰지 않고 부담 없이 눈으로 읽을 수 있을 정도로 여백을 주어서 적는다. 그리고 생활하면서 그것을 손에 들고 눈으로 보고 입으로 말하면서 반복한다. 시간, 장소 불문하고 그렇게 반복할 수 있는 필기가 있어서 원하는 시험은 아무리 어려워도 합격의 가능성은 커진다. 보건교사 임용고시 시험을 보면서 그때 깨달았다. 그래서 내 아이들에게도 나의 공부법을 알려주기도 한다. 반복하는 것들은 또한 추진력을 장착할 수 있다. 그럼으로써 원하는 것을 더 빨리 얻을 수 있다. 가볍게 시작한 필사로 인해 반복과 추진력의 즐거운 맛을 제대로 느낄 수 있고 그 어떤 도전에서도 성공을 향해 나아갈 수 있다.

또한, 필사를 통해서 책 쓰기에 대한 열정을 잊지 않는다. 책 쓰기에 대한 포부를 가진 사람은 많다. 표현하지 않는 사람까지 셈하면 정말 대부분 사람이 나도 내 인생을 푼 책 1권 쓰고 싶다고 생각한다. 하지만 막상, 책을 쓰는 사람은 극히 일부이다. 어떤 사람이 책을 쓸 수 있는 것일까? 책을 쓴 사람은 일단, 책 쓰기를 항상 의식하는 사람이다. 일상 삶에서 책 쓰기에 관한 생각들이 끊이지 않고 솟아나는 사람이다. 불현듯 책 쓰기를 연상하기도 하고, 바쁜 업무 중에도 책 쓰기를 떠 올린다. 그리고 누군가가 출간했다고 하면 2박 3일은 잠을 자지 못한다. 부럽기도 하지만, 스스로 자괴감을 느낀다. '저 사람도 그 바쁜 와중에 책을 썼는데, 나는 왜 그동안 못했을까?' 생각한다. 하지만, 이런 생각들도 바쁘다 보면 잠시의 생각으로 끝난다. 또 책 쓰기를 잊어버리고 산다. 결국, 책 쓰기는 내 마음속, 항상 그 자리에 변하지 않은 모습으로 있을 수 밖에 없다. 만약, 필사한다면 책 쓰기를 항상 생각할 수 있다. 매일 하루 20분, 1 꼭지가 아니더라도 내 타이핑 실력에 맞게 필사를 할 수 있으면 필사하는 동안에는 내가 필사하는 책처럼 나도 책을 쓰겠다는 각오 한 스푼을 마음에 다시 퍼붓는다. 마음에 매일 담아둔 것은 언젠가는 행동으로 시도한다. 책 쓰기를 잊지 않고 마음속에 매일 유지할 수 있게 하는 장치가 바로 필사가 되어 책 쓰기에도 도전한다.

필사를 권하는 이유는 너무나 많다. 하지만 대표적인 2가지 이유라면 하루 20분이지만 반복의 기쁨과 추진력을 장착하여 긍정적인 변화를 일으킬 수 있다는 것이다. 모든 성공의 비법으로 반복의 시간이 어김없이 필요함을 우린 알고 있다. 하지만, 반복의 지루함에 굴복하고 말았다. 그러므로 갈망했던 크고 작은 성공에 실패했다. 하지만 필사를 통해서 제대로 된 반복의 즐거움을 느낄 수 있다. 왜냐하면, 필사는 어떤 행동보다는 쉬워서 아무렇지 않게 꾸준히 반복할 수 있기 때문이다. 쉽다고 가치가 없는 것이 아니다. 필사에 대해서 섣불리, 판단해선 안 된다. 타이프치는 실력은 상관없다. 느리면 느린 대로 빠르면 빠른 대로 20분만 투자하자. 세상에 변하지 않는 것은 변하지 않는 것이 없다는 사실뿐이다. 타이프 실력은 변화되어 나중에는 1꼭지 글을 20분 안에 필사하게 된다. 이것도 반복의 효과 중의 하나이다. 반복하면 추진력도 자동 생긴다. 반복과 추진력을 제대로 만끽한 후에는 다른 일에도 자신감이 생겨 도전하게 될 것이다. 또한, 필사를 통해서 필사하는 동안 책 쓰기에 대한 열정을 유지한다. 처음 열정 그대로 책 쓰기에 관한 생각을 마음에 간직하고 유지하는 자체만으로 책 쓰기에 도전하는 힘이 된다. 필사, 가볍게 시작하고 내 삶을 새롭게 변화시켜보자.

긴 글 쓰는 힘은 필사다

긴 글을 써보겠다는 각오로 쓰기 시작한다면 몇 장까지 쓸 수 있을까? 누군가가 나에게 2장 이상의 글을 써보라고 제안했다고 가정하자. 그때부터 고민이 시작될 것이다. '어떻게 A4 2장 쓸 수 있을까?' 자동으로 근심이 올라온다. 너무나 막연하고 '이 일을 꼭 해야 해?'라는 반문이 생긴다. 꼭, 써야 하는 상황일지라도 그냥 포기하고 싶어진다. 그 정도로 A4 2장 쓰기가 우리에게는 큰 부담이다. 그렇게 쓰기 싫은 이유는 어떤 식으로 써야 할지, 그 방법을 잘 몰라서 일 것이다. 모든 것에는 비법이 있게 마련이다. 그 비법을 모르고 무작정 하려고 하니 시작도 하기 전에 포기하고 싶어진다. 긴 글쓰기의 비법도 당연히 있다. 우린 짧은 글쓰기에는 어느 정도 익숙하다. 요즘 시대에 글 안 쓰고 사는 사람은 없다. 하지만, 단지 짧은 글쓰기일 뿐, 긴 글쓰기는 어렵게 느낀다. 짧은 글을 쓰기 때문에 조금만 혼자서 노력하면 될 것 같기도 하지만, 사실, 잘 안된다. 긴 글쓰기도 다른 운동을 배우듯이 몸으로 익혀야 할 영역이기 때문이다. 몸으로 익히지 않고 머리로만 아는 것은 아무 소용이 없다. 세상의 재능들이 다 그렇지만 머리 따로, 몸 따로 연마해야 한다. 긴 글쓰기에도 예외가 아니다. 그 사실을 먼저 받아들이고 이제부터 짧은 글이 아닌, 긴 글쓰기에 도전해 보는 것이다.

필사가 긴 글을 쓰는 몸을 만드는데 최상의 방법이다. 처음부터 자신의 글을 쓸 수 있는 사람은 많지 않다. 그것도 짧은 글이 아니라 긴 글일 경우에는 더 쓰기 어렵다. 짧은 글은 얼마든지 쓴다. 짧기 때문이다. 짧은 글쓰기는 메시지 위주로 주로 쓰게 된다. 간단히 내 생각이나 느낌, 등 자신의 마음을 적는다. 이런 경우 짧은 글로 끝낼 수밖에 없다. 예를 들어 인스타그램의 글을 봐도 사진을 여러 장 올리고 사진 밑에 쓰는 글에는 지극히 단순한 말로 마무리를 한다. 특별한 사진일 경우에는 그 사진 자체로 감동을 줄 수 있지만, 특별하지 않은 사진일 경우에는 뭔가 아쉽다. 그럴 때 조금은 긴 글이 아쉬운 부분을 채워준다. 그래서 짧게 글 쓰는 인스타그램의 글이라고 하더라도 일단은 짧은 글보다는 조금은 긴 글을 쓰는 연습을 해 봐야 하는데, 가장 기본인 길이가 3문장이다. 3문장도 흐름이 있게 쓰면 된다. 서론-본론-결론으로 쓰는 것이다. 같은 의미 다른 표현을 나열하거나 반복해서 쓰는 것이 아니라 사진과 통하는 글을 쓰는 것이다. 어려울 것 같지만 그래도 3문장이라서 자신감 있게 쓴다. 긴 글쓰기를 위해 잘 쓰든 못 쓰든 3문장에서 4문장, 4문장에서 5문장으로 점점 글 길이를 늘려가야 한다. 인스타그램에서는 자신의 글을 쓴다. 짧지만 그렇게 내 글을 쓴다는 데 의의가 크다. 하지만 이것도 남의 글을 따라 쓰면서 함께 해야 성장의 속도가 빨라진다. 남의 글쓰기, 즉 필사가 내 글을 좀 더 길게 쓰게 하는 비법이 되기 때문이다.

긴 글을 자유롭게 쓰면 새로운 삶이 펼쳐지는 느낌을 받는다. 일기는 쓰고나서 읽어보면 정말 다시 보기 민망할 때가 있다. '어쩌면 이런 표현까지 했을까?' 쓰고 나서 당장 속은 후련했지만 쓰고 난 후의 부정적 감정을 읽음으로써 또 한 번의 스트레스를 받을 수 있다. 하지만 독자를 대상으로 형식을 갖춘 긴 글은 개인적 감정의 배출이 아니라 의미를 부여하여 새로운 메시지를 탄생시킨다. 시련도 기회이고 축복이라고 했듯이, 비록, 내가 힘들어 쓴 글이지만 독자가 읽을 것을 생각하고 쓰기 때문에 결국 새로운 의미를 부여하는 글쓰기가 된다. 또한, 긴 글을 눈으로 확인했을 때 희열을 느낀다. 짧은 글이 아닌 긴 글로 세세한 부분까지 글로 써서 메시지를 남기는 자체는 새로운 관점으로 삶을 전환할 수 있게 한다. 긴 글을 그렇게 쓸 수 있음에 감사해진다. 나의 모든 삶을 긴 글로 쓰지 못해 짧은 글로만 대신했던 것에서부터 자유자재로 길게 표현할 수 있어서 기분이 좋아진다.

필사하면서 긴 글 쓰는 힘이 생기는 이유가 있다. 소소하게 생각했던 필사가 여러 가지 효과가 있다는 사실을 알게 된다. 직접 해보면 안다. 효과 중의 하나가 짧은 글만 썼던 자신은 점점 긴 글쓰기에 자신감을 가진다는 것이다. 긴 글을 쓰려면 형식이 필요하다. 형식 없이 쓰면 사람에 따라 차이는 있겠지만, A4 1장까지가 한계이다. 1장까지는 그럭저럭 무난히 쓸 수 있다. 하지만 그 이후가 문제이다. 그것은 형식 없이 썼기 때문이다. 형식, 원칙, 같은 것을 좋아하지 않지만, 그래도 긴 글을 쓰려면 이런 틀이 필요하고 그 틀에 맞추어서 쓰기 위해 노력해야 한다. 우리가 어렵게 느끼는 A4 2장 이상의 긴 글쓰기도 필사를 통해 익힐 수 있는 구체적인 이유는 다음과 같을 것이다.

첫째, 필사이기에 긴 글에 대한 두려움 없이 쓴다.

필사는 쉽다. 손으로 쓰는 필사가 아닌 자판으로 두드리는 필사라 더욱 쉽다. 작가처럼 그냥 두드려 치면 된다. 처음에는 어색하겠지만, 하루, 이틀 만에 자판으로 따라 쓰는 것이 쉬워진다. 긴 글을 처음부터 끝까지 내 글로 친다고 생각하면 막막하겠지만 나는 생각 1도 없이도 긴 글을 필사할 수 있다. 그렇게 길지만 길지 않은 듯 긴 글도 써 간다. 내 글이든 남의 글이든 뇌는 구분을 두지 않고 긴 글쓰기를 조금씩 익혀간다.

둘째, 긴 글이란 느낌이 없으니 거부감없이 베껴 쓴다.

긴 글쓰기가 어려운 이유 중 하나가 그것에 대한 거부감이다. 거부하고 두렵고 모든 부정적인 감정들이 긴 글쓰기를 방해한다. 방해물이 많으면 아무래도 주저앉을 가능성도 커진다. 포기가 오히려 낫겠다는 생각 때문에 아예 시작도 하지 않을지 모른다. 하지만 필사이기 때문에 긴 글이라도 어디 한번 해 보자. 길어도 나는 그대로 베껴 쓰면 되는 것이니 괜찮다고 가볍게 생각한다. 긴 글이지만 내 글을 쓰는 것이 아니라서 거부감없이 자판을 두드릴 수 있다.

셋째, 반복해서 필사하는 긴 글이 몸에 익는다.

매일 하는 것은 몸에 익는다. 매일 쉽게 필사하면서 긴 글이 몸에 서서히 익어간다. 길게 치면서 내가 치는 듯한 황홀경도 느낀다. 그러면 몸에는 더욱 긴 글쓰기가 익숙해진다.

넷째, 긴 글도 긴 글처럼 느껴지지 않고 나도 할 수 있겠다는 자신감이 이미 자리한다.

이미 여러 번 긴 글 필사를 했기 때문에 긴 글이 긴 글처럼 느껴지지 않는다. 1주일이 지나고 2주가 지나고 1달 가까이 지나가면 이제, 내 글로 긴 글이 쓰고 싶어진다. 쓰다가 안 되면 다시 필사하면 된다. 내 글이 아닐지라도 좋다. 남의 글이라도 길게 자판 소리를 들으면서 필사를 하고 싶은 욕구는 매일 생긴다. 그 정도 단계가 되면 나도 인지하지 못한 사이에 긴 글쓰기는 몸에 익은 상태이고 그것에 따른 자신감을 내가 알지 못한 사이에 장착한다. 내 글로는 아직 긴 글을 쓰기 전이지만 나는 어디 한번 해 보자. '왠지 할 수 있을 것 같아.'라는 마음이다. 긴 글쓰기에 적합한 필사를 했기 때문이다.

긴 글쓰기의 힘은 필사에서 나온다. 사람들이 책 쓰기를 시도하지만 좌절하고 포기하는 이유는 긴 글쓰기에 대한 두려움과 실패감 때문이다. 요즘 시대 짧은 글은 얼마든지 쓰고 산다. 사회적 환경 자체가 글과 말을 혼용해서 사용하는 시대이기 때문이다. 단톡방 한, 두 개씩 없는 사람이 없다. 스마트폰을 가지고 있는 사람이라면 거의, 대부분 단톡방에서 글로 소통한다. 이렇게 글을 많이 쓰지만 정작 자신의 내면을 솔직히 표현하는 긴 글쓰기에는 자신 없다. 이것이 어려우니 간단한 SNS 글쓰기에서만 글을 쓰고 긴 글쓰기를 시도하지 않는다. 긴 글이라면 자고로 형식이 있고, 그 형식을 안다면 충분히 긴 글쓰기가 가능하다. 그 형식을 몸에 익혀야 하는데, 그것을 익히기에는 필사만 한 것이 없다. 1꼭지, 긴 글쓰기를 필사로 시작한다면 누구나 자신을 만족스럽게 글로 표현해낼 것이다. 긴 글로 자신을 드러내는 힘을 가진다면 글을 삶의 또다른 도구로 소지하게 되는 것이다. 하루 20분 필사를 통해 긴 글을 자유롭게 쓰면서 행복한 삶 사시길 바란다.

필사로 인생 혁명해라

'인생 혁명.'

진정, 나와 상관없는 단어일까? 상관있다고 쉽게, 대답할 사람은 아마도 없을지 모른다. 하지만, 인생에 혁명을 일으키는 소소한 계기는 주변에 참으로 많다. 거대한 계획에 의해서만 혁명이 일어나는 것은 아니다. 아주 사소한 행동 하나가 내 귀한 인생을 제대로 변화시키며 삶에 혁명을 일으킨다. 필사 또한 인생 혁명의 사소한 행동이라고 말하고 싶다. 크게 기대하지 않던 필사를 그 누군가가 강조하여 우연히, 필사했다면 당신은 귀인을 만난 것이다. 꾸준히만 한다면 필사 하나로 삶을 바꿀수 있다. 나 자신이 그랬다. 필사로 시작해서 지금은 10권의 책을 썼고지금도 책 쓰는 재미에 흠뻑 빠져 책 쓰기로 행복하고 만족스러운 삶을살고 있다.

일요일 오후, 아침 나만의 루틴 시간을 보내고 몸이 다소 피곤한 상태에서 전화벨이 울렸다. 《내가 책을 가까이 하는 이유》공저를 함께 쓴 작가이다.

"작가님, 안녕하세요. 혹시 작가님이 쓰신 《포스팅 독서법》가지고 계세요? 그것을 여러 명이 좀 사야 하는데, 현재 온라인서점에서 품절상태예요. 중고서점에 알아봤는데, 그곳에서는 가격이 너무 비싸요. 4, 5만 원 정도 해요."

이미 품절된 나의 아픈 손가락 《포스팅 독서법》이 중고시장에서 고가로 판매 중이란 것을 나는 이미 알고 있었다. 그런데 공저 쓴 작가님이 그 책을 왜, 그것도 여러 권을 구매해야 한다는 것인지 궁금했다. 알고 보니, 작가님이 새로운 독서법 연수를 받고 있는데, 그곳에서 내 책 《포스팅 독서법》을 교재로 활용하고 있다는 것이다. 이름도 생소한 '크랩 독서법' 연수라고 한다. 강사는 의사이면서 독서가 뇌의 신경 연결에 탁월한 방법이라고 강조하며 크랩 독서 방법에 관해서 연구하고 강연까지 하고 있다고 했다. 아마도 이 연수 때문에 《포스팅 독서법》이 중고시장에서 고가로 거래되고 있나? 라고 기분 좋게 생각하며 나는 작가에게 책이 아주 많이 있으니, 원하는 사람의 주소와 전화번호를 알려달라고 했다. 그 작가는 중고시장에서 고가인데, 얼마를 드리면 되겠느냐고 재차 질문했고 나는 그냥 드리고 싶지만 양해 부탁한다고 말했고 보통 시중 가격으로 보내드린다고 대답했다. 작가는 고마워하면서 그럼 착불로 택배 부탁한다고 했다. 나는 6권의 책을 택배로 보냈다.

사실《포스팅 독서법》에는 아픈 사연이 있다. 이 책은 시중에 잠시 판매되었다가 품절되었다. 출판사의 세계를 속속들이 알지 못하나, 원래 처음 계약했던 출판사는 이 책을 출판할 수 없다고 하였고 대신 영세한 다른 출판사에 위임해서 출판했다. 위임한 출판사는 내 느낌에 흔쾌히 그 책을 출판한 것이 아니라 어쩔 수 없는 사연으로 출판한 듯했다. 사실이 아닐 수 있지만 그런 느낌이었다. 사람마다 운명이 있듯이 책에도 운명이란 것이 있다. 그렇게,《포스팅 독서법》의 운명은 사람으로 따지면 좋지 못한 운명으로 태어난 것이다. 하지만 이 책을 참고용 도서로 활용해서 강의한다고 하니, 항상 마음이 짠한 책이었는데, 행복한 마음이다. 지금도 중고거래상에는 책 1권에 4만 원에서 5만 원에 거래되고 있으니, 유명 베스트셀러 작가가 된 기분이다. 내 삶에 기적 같은 혁명이 일어난 것 같은 마음이다.

《포스팅 독서법》을 보면서 또 하나 느끼는 것이 있다.《포스팅 독서법》을 쓸 때, 나는 블로그에 매일 글을 올리고 있었다. 책을 읽고 감동 문구를 사진 찍어서 올리고 그것에 대해서 간단히 나의 감상 글을 쓰는 식이었다. 이 방식으로 책을 꾸준히 읽어보니, 나는 이 방법이 여러 가지 장점을 가졌다는 것을 발견했다. 무작정 책만 읽고 끝내는 것이 아니라 내가 읽었던 범위에서 한 문구 이상을 찾는 것이다. 길거리에 굴러다니는 돌멩이에도 배우려는 의지가 있다면 배울 수 있다고 했다. '그냥 굴러가는 하찮은 돌이네'라고 생각한다면 의미 없는 돌멩이가 되겠지만, 다른 측면으로 보면 다른 의미를 찾을 수 있다. 읽는 모든 책에는 나에게 배움과 가치가 있는 문구가 반드시 있다고 생각한다. 평범해 보일지라도 나에게 적용할 때는 나와 딱 맞는 특별한 의미의 문구가 되기도 한다. 그래서 그런 마음으로 문구 하나를 골라 사진 찍고 감상 글 쓰는 과정을 꾸준히 했는데, 그것이 바로 삶을 바꾸는 독서법이 되었다. 바쁜 아침 시간 5분 동안 읽은 문구가 사진 찍어 블로그에 올리고 감상 글을 쓰는 순간, 나에게 둘도 없는 긍정적인 영향을 미치는 문구가 되었다. 나의 독서법을 있는 그대로 책으로 낸 것이 《포스팅 독서법》이었고 그것이 또 다른 누군가에게는 평생 연구하는 뇌 신경 연결 독서법의 한 사례가 되어 수강생들에게 참고 도서로 활용하고 있다고 하니, 그 이상 기쁜 일이 없다. 나에겐 평범한 이야기이지만 그것이 다른 누군가에게는 귀한 사례이자 정보가 될 수 있음을 다시 느끼며 평범한 일상일지라도 의미를 찾아 꾸준히 책을 써야겠다는 생각했다.

필사도 특별할 것이 없다고 느껴지지만 사실은 삶의 영향력이 크다. 꾸준히 필사하기만 한다면 인생 혁명 같은 변화가 일어난다고 강조하고 싶다. 우선 글쓰기에 있어서 혁명이 일어난다. 글쓰기 하는 사람들이 느끼는 글쓰기에 관한 자신의 무능함이 하루 20분, 1달의 필사로 사라진다. 우리가 매일 하지 않는 것은 새롭게 시작할 때 어색하고 내 일 같지 않게 느낀다. 글쓰기도 마찬가지이다. 글쓰기는 말하는 것과 같이 인간의 고유 본능이라고 할 수 있는데, 말은 어떤 식으로든 매일 하지만 글은 특별한 상황, 꼭 해야 할 상황이 아니면 쓰지 않는다. 그러니, 자연스럽게 글이 낯설어지는 것은 당연하다. 이런 상황에 대한 인지가 있다면 글도 충분히 말처럼 사용할 수 있다. 내 글 3문장도 쓰기 너무나 낯설어서 하기 싫다면 남의 글 필사부터 시작해 보자. 장담컨대, 내 글쓰기는 변화될 것이다. 두 번째로 느끼는 필사가 일으킨 혁명이라면 새벽 기상의 도전이다. 새벽은 나에게 먼 나라 이야기인 사람이 많다. '성공한 사람은 대부분 새벽에 일어나 활동한다.'라는 사실이 많이 알려졌지만, 부인하고 싶다. '새벽에 일어났다고 그 사람이 성공했겠어, 성공할 만하니까 성공했겠지!' 새벽에 일어나지 않기 위한 새벽의 힘에 대해 부정하고 싶은 심정이 생긴다. 필사를 결심한 사람은 필사할 시간을 확보해야 한다. 바쁜 삶 속에서 새벽 시간 활용에 도전한다. 필사하면 평상시 부정했던 새벽 기상을 시도한다.

새벽 기상을 도전하지만, 처음엔 쉽지 않다. 평생 달콤한 새벽잠을 유지해왔는데, 어느 날, 생소한 '필사'를 위해 그것을 포기할 수는 없다. 새벽 기상을 위해 처음엔 나름의 전략이 필요하다. 그 전략이 성공한 이후에는 필사의 달콤한 맛을 맛보게 될 것이다. 새벽에 하는 모든 일은 빠르게 몸에 숙달된다. 깊이 생각하게 되고, 깊이 느끼며 깊이 받아들이게 되기 때문에 새벽에 하는 모든 활동이 삶을 바꿀 수밖에 없다. 이것이 바로 새벽으로 인한 삶의 혁명이고 성공하는 사람 대부분이 새벽을 선호하는 이유일 것으로 판단한다.

필사가 책 쓰기 혁명을 일으킨다. 필사를 통해서 글쓰기를 내 마음대로 자유자재로 하는 맛을 느끼게 된다. 그것은 새로운 글쓰기 도전을 가능하게 하는데, 그것이 바로 책 쓰기이다. 오랜 우리의 고정관념, 책 쓰는 사람은 쓰는 재능을 타고 태어났을 거라는 생각을 뒤엎고 나도 할 수 있다는 자신감으로 책 쓰기에 도전한다. 도전은 기회이다. 도전한 것은 포기하지 않으면 결국 달성하고 만다. 책 쓰기도 내 인생에 일어나는 혁명이 된다.

사소하게 별 볼 일 없어 보였던 필사로 삶에 혁명이 일어난다. '인생 혁명'이라고 해서 어느 날 갑자기 일어나지는 않는다. 작고 소소한 어떤 행동 하나하나가 모여, 결국 대변혁을 일으킨다. 필사가 그 소소한 행동이다. 필사로 인해 삶은 변화한다. 아니 인생 혁명은 일어난다. 필사로 인한 인생 혁명, 크게 3가지로 말할 수 있는데, 그것은 글쓰기의 혁명, 새벽 기상의 혁명, 책 쓰기의 혁명이다. 사람마다 시간 차이는 있을 수 있지만 처음 느낀 필사의 가치를 꾸준히 유지하고 실천한다면 혁명은 반드시 일어난다고 강조한다. 글쓰기를 하기 싫어하고 짧은 글만 평생 써왔다면 필사의 가장 큰 혁명인 긴 글쓰기를 자유자재로 할 수 있을 것이다. 1꼭지, A4 2장을 매일같이 필사하다 보면 필사한 대로 나도 그렇게 A4 2장의 긴 글을 쓸 수 있다. 새벽 필사를 맛본 사람은 잊을 수 없어 다시 새벽에 일어나 필사를 하려 한다. 새벽에 하는 모든 일은 몰입할 수 있어 낮의 필사보다 배 이상의 효과를 본다. 또한, 책 쓰기에 관심을 가지며 책 쓰기를 나도 해야겠다는 기적 같은 각오를 하게 된다. 그전에는 '책 쓰기, 아무나 하나?'라고 스스로 한계를 그었다면 필사한 후에는 '나도 한번 책 써볼까?'라며 생각이 바뀐다. 이것이 바로 혁명이다. 하루 20분, 필사 시작하고 인생 혁명 만들어 보시길 재차 강조한다.

"소소한 필사가 혁명 같은 삶의 변화를 일으킨다."

하루 20분 필사의 힘

초판 1쇄 발행 | 2023년 7월 26일

지은이 | 김보아, 이진욱, 김민정, 천성아, 하가영, 나애정
펴낸이 | 김지연
펴낸곳 | 생각의빛

주 소 | 경기도 파주시 한빛로 70 515-501
출판등록 | 2018년 8월 6일 제 406-2018-000094호

ISBN | 979-11-6814-049-3 (03190)

원고 투고 | sangkac@nate.com

* 값 14,500원

* 생각의빛은 삶의 감동을 이끌어내는 진솔한 책을 발간하고
있습니다. 참신한 원고가 준비되셨다면 망설이지 마시고 연락
주세요.